EL ATENTADO DEL SIGLO

A

FIDEL CASTRO

EL ATENTADO Del SIGLO A FIDEL CASTRO

Copyright© 2016 by Frank Marchante

All rights reserved. Printed in the United States of America. *Excerpt as permitted under the United States Copyright Act* of 1976. No part of this publication may be reproduced or distributed in any form or by any means, or stored in a database or retrieval system, without the prior written permission of the publisher.

Published by Gras Publishing Company
Miami, Florida, 33155

Production Manager: Gilda Marchante
Cover: Michelle Marchante

Library of Congress Cataloging-in-Publication Data is available
Marchante, Frank
El Atentado Del Siglo a Fidel Castro
P. 186
ISBN-978-0-9779040-9-9
United States -
Printed in the United States of America

1- Historical Fiction 2- History 3- Adventure 4- Warfare 5- Action 6-Suspense 7-Covert 8-Underground 10-subversive

"Los hombres van en dos bandos: los que aman y fundan, los que odian y deshacen."

José Martí

Dedicación

Quiero dedicar este libro a mis padres por haber tenido el coraje de sacarme de Cuba, por haber sido unos padres ejemplares, enseñarme moral, principios, hacerme un hombre honrado y trabajador, y haber sido mis mejores amigos.

Le doy gracias a Dios por el privilegio de haberme escogido para darme padres como ellos.

A mi hermana Babie, guía, amiga inseparable, siempre juntos en momentos malos y buenos.

Quiero darle las gracias a mi hija Michelle por su ayuda, especialmente por la cubierta de este libro y a mi esposa Gilda por toda su ayuda y tiempo.

No puedo dejar de mencionar a mi perrita Bella, por su constante compañía mientras escribía.

También quiero dedicarlo a todos los cubanos fuera y dentro de Cuba sin distinción de raza, sexo o religión.

Contenido

Capítulo 1..........................15
La Cita Conspiración

Capítulo 2..........................20
Infiltración en Cuba

Capítulo 3..........................31
En Tierra Cubana

Capítulo 4..........................40
La Habana

Capítulo 5..........................74
Complicaciones en
La Habana

Capítulo 6..........................87
El Atentado

Capítulo 7..........................113
La Fuga

Capítulo 8..........................130
Confrontación

Capítulo 9..........................133
Los Conspiradores

Capítulo 10........................135
Quien y Porque

Capítulo 11........................141
Cuba antes de la Revolución

Capítulo 12............................144
Crónica de la Revolución

Capítulo 13............................167
Notas de Cuba

Capítulo 14............................172
Datos y estadísticas de la
Cuba Republicana

Plan de operación......................179

Sobre el Autor..........................180

Otras Publicaciones...................184-185

Nota al lector

Empiezo esta narración con una petición, que al lector le quede claro que no tuve amistad con estos individuos ni ningún vínculo con ninguno de ellos. Nunca pertenecí a ninguna organización política o militar. Conversé con algunos por largo tiempos, con otros cortos tiempos. Siempre encontré la conversación muy interesante, sus anécdotas e historias me fascinaron, oír parte de la historia de la boca de los propios protagonistas.

Participe en algunas manifestaciones en la calle 8 del SW por diferentes motivos del exilio cubano en aquellos años, como también participe en algunos entierros.

Es imposible nombrar a todos lo que me dieron información, anécdotas de un modo u otro.

Tuve la oportunidad de conversar con muchos famosos personalidades, muchas veces por tiempo limitado y sostener conversaciones interesantes.

Voy a mencionar algunos entre tantos muchos con quien he conversado he oído sus anécdotas.

Conrado Carratalá Ugalde-Siendo muy joven conocí y hable muchas veces en Miami, FL con Conrado Carratalá Ugalde Coronel de la Primera División Central del Cuerpo de Policía cubana durante la presidencia de Fulgencio Batista.

Esteban Ventura Novo -También tuve una conversación corta con el coronel Esteban Ventura Novo, Ventura tenía fama en Cuba de una persona de armas, que no le tenía miedo a nada, estos dos personajes muy controversiales, miembros de la policía del General Batista, duros, peligrosos, famosos por violencia, muchos temblaban con solo oír sus nombres, temidos sobre todo por los jóvenes revolucionarios de aquella época. Depende de que bando tomes información, Buenos o malos? Muchos creen que eran duros con los comunistas. Ventura falleció el 21 de Mayo en el 2001 en Miami FL víctima de un paro cardíaco. Tenía 87 años.

Rolando Masferrer – Siendo muy joven hable dos veces unos minutos con Masferrer. Me las arregle para hacerlo. El líder fundador de Los Tigres de Masferrer, creada para apoyar a Batista militarmente. Durante los últimos años del régimen de Batista a finales de 1958, Masferrer y sus tigres operaban en la provincia de Oriente, inteligente, rudo, peligroso, famoso por su violencia, temido.

Masferrer había sido un partidario comunista. Después de la revolución del primero de enero de 1959, Masferrer tuvo que abandonar la isla. Se fue en un barco, llego a Miami el primero de enero de 1959, Rolando Masferrer fue asesinado en Miami, Florida, el 31 de octubre de 1975, como resultado de una bomba de dinamita que se coloca en su automóvil.

Boliva-Chile-En Bolivia conocí varios militares que compartieron conmigo algunas anécdotas de la persecución y captura del comandante de la Revolución Cubana Ernesto Che Guevara. También conocí y hable un largo rato con unos militares chilenos que según ellos participaron en el ataque al palacio Presidencial de *La Moneda* contra Allende en Septiembre 11 del 1973, los aviones de la Fuerza

Aérea de Chile proporciono apoyo aéreo para el asalto (bombardeando el Palacio) Los primeros informes dijeron que el presidente Allende de 65-años de edad, se había suicidado. Otros dicen que esto no es correcto.

Orlando Bosch Ávila- Hable con el Dr. Bosch en dos ocasiones. Orlando Bosch Ávila cubano exilado, acusado por Fidel Castro de ser uno de los responsables del derribo del avión cubana de aviación en Octubre 6, 1976, vuelo # 455, entre otras muchas cosas. Orlando Bosch fue el General Coordinador del Movimiento Insurreccional de Recuperación Revolucionaria. Detenido en Caracas el 8 de octubre de 1976, y encarcelado durante casi cuatro años en espera de juicio por su papel en relación con el vuelo #455 de cubana. Fue absuelto con tres de sus compañeros en septiembre del 1980 en Venezuela. En su memorias del 2010, negó ser el autor intelectual de la voladura del vuelo # 455 y de muchos otros actos con los que tenía nada que ver.

Felipe Rivero- Siendo casi un niño, cuando la fracasada invasión de Playa Girón en 1961 no me perdí un solo pionero presentado en la TV cubana, varios me impresionaron, ninguno como el brigadista Felipe Rivero, Rivero enfrentó en la televisión en vivo a Carlos Rafael Rodríguez, entre otros déspotas del régimen de Fidel Castro. Su frialdad, valentía, compostura, inteligencia me impresiono. Cumplió 19 meses de prisión.

Recuerdo claramente cuando dijo entre otras cosas "me pueden estar fusilando cuando salga de aquí, no me han torturado a mí, pero a otros compañeros sí." Desdé ese momento se convirtió en un héroe para mí. Hable con el largamente en varias ocasiones.

Nació en 1924, en una familia cubana, propietaria del legendario Diario de la Marina, Rivero estudió Leyes en la Universidad de La Habana. Al ser liberado en 1962, fundó la Asociación Nacionalista Cubana.

Entre muchas acciones se encuentra el ataque a la Sede de las Naciones Unidas con una Bazooca de 3,5 pulgadas desde el otro lado del East River en diciembre 12, 1964. El ataque fue en contra del comandante Ernesto Che Guevara de Cuba, Ministro de la industria de La Habana, quien hablaba en ese instante en la sede.

Rivero se encontraba detenido en mayo del 1967, por acciones contra el gobierno de Castro, lo querían deportar. Hable en mi escuela Miami Senior High sobre una mesa, me lleve conmigo un grupo de 8 o 10 estudiantes compañeros, se me ocurrió ir y apagar la Antorcha De la Libertad –Encendida el 26 de Octubre del 1960, después del asesinato de John F. Kennedy se le dio su nombre que arde perennemente en Bayfront park, Miami, FL.

Cuando llegamos habían apagado ya esa antorcha esa madrugada o temprano esa mañana. Nos recibió un grupo inmenso de policías, nos montaron en varias carros patrulleros por alrededor de 40 minutos. Nunca me olvido de ese momento, en el carro donde me encontraba yo, estaba Mike y Rudy (el Portorro), Rudy es de Puerto Rico, sus amigos todos eran cubano, inclusive su novia. Él decía constantemente en alta voz, que hago yo aquí, ni soy cubano, ni se nada de Cuba! Al final la policía nos dejó ir a todos por ser menores de edad y en realidad no habíamos ni tocado la Antorcha. También participe en una protesta inmensa de miles de cubanos que hubo en la calle 8 a favor de Felipe Rivero. Domingo 21 de mayo de 1967 - La oficina_ Regional de Inmigración abandonó en principio la idea de expulsar de los Estados Unidos al dirigente exilado cubano Felipe Rivero. Felipe Rivero Falleció a los 81 años.

Comandante Cero Edén pastora- Converse mucho con él, del frente revolucionario Sandinista (F.R.S.), lo conocí en un gun range y hablamos largamente. Extrañamente, la noche anterior vi en TV, una entrevista con Pastora, donde afirmaban que era en vivo peleando en el monte de Nicaragua. Me comento sobre el ataque al palacio y toma del Palacio Nacional de Managua el 22 de agosto de 1978. Después rompió con el gobierno y por un tiempo lucho contra el Sandinismo. Más tarde renuncio a la lucha armada. Regreso a Nicaragua después de hacer las paces Con el presidente Sandinista Ortega.

Arnoldo Alemán - Lo conocí en el año 1996 cuando era candidato a la presidencia de Nicaragua en una fiesta del nieto de Anastasio Somoza, todos agradables, educados, me simpatizo y conversamos un poco sobre el futuro de Nicaragua.

Comandante Pedro Luis Díaz Lanz -pude cambiar opiniones con Pedro Luis Díaz Lanz jefe de la Fuerza Aérea Revolucionaria de Cuba bajo Fidel Castro, incluso piloto personal de Castro después de la Revolución Cubana de 1959. Uno de sus actos más notorios volaba un bombardero bimotor reportado como un B-26, B-25 sobre La Habana, dejando caer panfletos anticomunistas, junto con su hermano Marcos Díaz Lanz. Tenía su avión en el mismo aeropuerto, cerca de donde yo tenía el mío. Cometió suicidio en el 2008 a la edad de 81 años.

Comandante Hubert Matos- Pregunte a el comandante conocido internacionalmente de la revolución cubana sobre su detención por el comandante Camilo Cienfuegos, y desaparición de este. El 19 de octubre de 1959, Hubert envió una segunda carta de renuncia a Castro. Castro envió al comandante Camilo Cienfuegos arrestar a Matos. Durante la detención de Hubert, Matos expresa que comunicó a Camilo, que lo habían mandado para que las fuerzas de Matos mataran a Camilo Cienfuegos. Camilo desapareció misteriosamente en el camino de regreso a La Habana después de la detención de Matos y sus hombres en octubre 1959.

Muchísimos historiadores y la mayoría del pueblo creen que fue otro golpe de Fidel y sus secuaces, terminar con Cienfuegos quien tenía mucho apoyo y seguidores dentro del ejército Rebelde y del pueblo.

Comandante Nino Díaz- Hable mucho con el comandante de la revolución cubana. Me ha contestado muchísimas preguntas, muy controversial en sus ideas, tremendamente fuerte en sus convicciones, un luchador por Cuba casi desde niño. Me encanto hablar con él, lo he hecho muchas veces, es fascínate su trayectoria combativa y sus anécdotas.

Comandante Gutiérrez Menoyo -Hable dos veces con Gutiérrez, del Segundo Frente del Escambray, un grupo rebelde que operaba independientemente contra el gobierno de Batista. Uno de los fundadores de Alpha 66, un grupo paramilitar en Miami, FL. Regreso con un grupo de guerrilla a Cuba en Diciembre de 1964. Fue detenido enero 23, 1965, inicialmente sentenciado a muerte por fusilamiento.

Fue reducida a 30 años. Pasó 22 años en las cárceles cubanas, perdió la visión en un ojo y la audición en un oído por supuestas golpeaduras y torturas. Fue liberado en 1986 a través de una petición del gobierno español después de una campaña internacional por su liberación.

En 1993, Gutiérrez Menoyo renunció a la violencia y fundó Cambio Cubano. En 1995 se reunió con el F. Castro. La mayoría de los exiliados en el sur de Florida le condenaron por reunirse con el presidente cubano, y fue rechazado por años.

Una vez precisamente lo encontré en el aeropuerto de Miami cuando regresaba a Cuba. Le pregunte como era posible que el con una trayectoria tan combativa cambiara así de esa manera. Se explotó inmediatamente, con su acento español alzo la voz, perdió la compostura, la recupero casi inmediatamente, me dijo que él tenía derecho por haber perdido su hermano en el ataque en Marzo de 1957 contra el palacio presidencial tratando de ajusticiar al presidente Batista, por sus años de guerra por Cuba, sus años de cautiverio y sus años dedicados a Cuba, tenía derecho a buscar otros caminos por Cuba.

Dr. Carlos Prio Socarras- presidente de Cuba (1948 a 1952).supuestamente cometió suicidio por arma de fuego en 1977. Fue enterrado en Woodlawn Park Cemetery and Mausoleum (ahora Caballero Rivero Woodlawn Park Cemetery Norte y Mausoleo) en Miami, Florida. Murió el 5 de abril de 1977, Miami Beach, FLA. EE.UU. Asistí a su entierro, fue inmenso, la calle 8 estaba repleta de exilados cubanos rindiéndole respeto.

Vicente Méndez- Lo conocí en casa de un líder telefónico del exilio donde me encontraba por casualidad de visita. Desde la sala los oí hablar entre ellos de la pronta infiltración pocos días después en Cuba. Me las arregle y cuando Vicente se marchaba, le hable unos minutos. Lo oí decir de lejos que nadie conocía ese campo como él. Manifiesto que era imposible que lo capturen, conocía ese campo con los ojos cerrados. Desembarco abril del 1970. Murió en Combate.

Félix Rodríguez- Capturo al comandante Che Guevara en Bolivia. Lo conocí en la oficina de un médico ortopédico. Me fascino hablar con él, una leyenda cubana.

Así fue como nació este libro, conocí a este combatiente cubano, su trayectoria y sus anécdotas de ese atentado, me dio la idea de escribir esta historia donde he cambiado parte de esta acción, convirtiéndola en parte en Ficción.

En vez de cubrir toda la realidad y verdad, trate de darle al lector un sentido de lo acontecido. Cuando decidí escribir y terminar este libro tome la decisión de dejar algunos aspectos fuera, mi decisión se debe que muchas veces no necesariamente estuve de acuerdo con la forma de pensar de estos personajes. Cambie nombres, algunos hechos y circunstancias para proteger la seguridad de ellos y familiares.

Capítulo 1

La Cita – Conspiración

Mis ojos van hacia el mar. Estoy sentado frente a una ventana, mientras espero. Estoy en un pequeño motel, en Miami Beach, cerca muy cerca de South Beach, al mirar el mar y verlo con un azul tan bonito recuerdo que los cubanos decimos que el cielo de Miami no es tan bonito como el de Cuba.

Es el mes de julio de 1972. Mis recuerdos son interrumpidos, se abre la puerta y entra el gordo, como le llamamos con un americano alto de espejuelos entrado en años. Sin hablar, con una mano les hago seña para que se sienten. Se sientan y el gordo me presenta al hombre como David Phillips.

El agente de la CIA, Phillips, se sentó en una silla todo el tiempo contra la pared, con rostro pétreo, su mandíbula apretada.

—Mira, este es Phillips, de la CIA, que va a estar frente a la operación.

Phillips no me tiende la mano y yo tampoco a él, lo miro a los ojos profundamente, quizás por un minuto, Phillips en un español malo me dice.

—¿Tú sabes por qué te escogimos a ti?

Y me tiende un sobre grande amarillo, sin decir palabras lo abro y saco muchos papeles y muchas fotos.

-Me dice, Hay una directiva presidencial contra el asesinato de los jefes de Estado, dijo el hombre de la CIA con cautela.

Le respond´: He oído referencias a la Directiva, pero no lo he leído,

-Confía en mí. Existe, respondió.

Le respondí: ¿Qué más da? El gobierno estadounidense ha sido acusado de todo lo demás.

Entre las cosas hay dos pasaportes, uno de Nicaragua, otro de Panamá con mi foto y datos diferentes, nombres falsos; también saco direcciones y nombres.

Phillips me dice—Esos te los tienes que aprender de memoria y tienes que destruir los papeles.

Levanto la vista y lo miro a los ojos. Miro al gordo, me sonríe, el gordo es un personaje cubano conectado al CIA. El Gordo se supone que es un enemigo poderoso e influyente del régimen de Castro. Es muy conocido en el exilio entre muchas personas por el apodo del Gordo.

Los dos agentes de la CIA ciertamente no lucían como hombres que estaban a la sombra de los espías y espionaje, pero las apariencias son a menudo engañosos. Él gordo ha estado con la CIA desde que dejó el ejército tras la guerra de Vietnam. El secreto era impecable, este hombre era un hombre de negocios y agente de la CIA en las sombras.

El gordo se sonríe, yo me sonrío y vuelvo a ver los papeles. Dos páginas completas de nombres y direcciones que tengo que aprenderme. También en el Paquete hay muchas fotos de hoteles, fotos de la Habana y muchas fotos de Fidel Castro en diferentes posiciones con diferentes personajes. Miro a Phillips como preguntándole.

Phillips me dice, —Esas son las personas con quienes Fidel se rodea.

También hay un paquete de billetes, lo tomo, debe haber entre mil y dos mil pesos. Miro a Phillips, quien me dice.

—Es por si surge una emergencia, espero que sepas usarlo.

Sin decir palabra guardo todos los documentos dentro del sobre.

Estudió sus ojos, la forma de enfocar, cómo se mueven, cómo los músculos se tensaron, como se relajaron mientras hablaban.

Me sirvo un poco de cerveza, me echo hacia atrás, pongo los pies sobre la mesa, tomo un poco de cerveza y miro a Phillips. Le pregunto.

—¿Cuando salimos?

Phillips me contesta.

—Todo está listo, la lancha está lista, los contactos están listos, estamos esperando por ti.

Miro a Phillips profundamente y miro al gordo; le hago una mueca cuando quise sonreírle. Para ser sincero, Phillips no me simpatiza nada, hay algo en él, que no me da mucha confianza.

Bajo los pies, me echo hacia adelante cerca muy cerca de la cara de Phillips y le pregunto.

—¿Y las armas?

Él me dice. Vamos a tener que hacer lo mejor que podemos hacer con lo que tenemos.

—Tenemos un grupo de armas que pensamos que son las mejores para la operación y de esas puedes escoger; miro al gordo y le pregunto.

—¿Gordo tú estás de acuerdo?

El gordo me guiña un ojo y me dice.

—Completamente.

Phillips saca un papel del bolsillo, me lo da, lo abro, veo que es la lista de las armas la miro y le digo,

—Voy a estudiarlo y escogeré algunas.

Phillips me dice.

—La operación se llevará a cabo en quince días alrededor del día 26 de Julio, todo está preparado, tiene todo que caer en su lugar para ese día. El gordo me pregunta.

—¿Vas a hacerlo?

Tuve una gran experiencia en esta línea de trabajo, y yo sabía lo que era Posible.

Miro a Phillips, miro hacia el mar y pienso ¿Cuántas personas voy a salvar? ¿Cuántas voy a ayudar si esta operación se lleva a cabo? Es una operación peligrosa, pero alguien tiene que hacerlo. Miro a Phillips, miro al Gordo le digo.

—Lo hago.

Phillips se levanta dando por terminada la entrevista, me fijo en el traje que viste, un traje gris muy costoso. El gordo se levanta, me extiende la mano, se la doy; el Gordo me dice.

—Nos vemos y buena suerte.

Phillips no me da la mano y yo no se la brindo. Se viran y salen lentamente del apartamento. Cierran la puerta, yo me quedo en el silencio.

Me vuelvo a echar hacia atrás, cruzo los pies sobre la mesa, aspire profundamente, exhale y tome la cerveza de un solo trago, miro hacia el mar y pienso en Cuba, en mi niñez, en mi familia, pienso en mi barrio y comienzo a recordar mi niñez.

La CIA creía que sin el tirano Fidel, las cosas iban a cambiar. La ejecución del plan tiene que basarse en el escrutinio secreto de la CIA, con un plan exacto, llevarlo a cabo, y por supuesto adquirir las órdenes para su aprobación.

Fidel se apoderó de Cuba, expulso a los americanos, se apoderó de sus fortunas, lo remplazo con la Unión Soviética. Adoptó el comunismo, se colocó de rodillas, le confirmó sumisión al estado soviético.

Después de la abandonada invasión de Playa Girón, los norteamericanos decretaron la ofensiva económica contra Cuba.

Fidel difamó la iglesia, rechazó a dios, sacrificó la nación, la subyugó a la miseria. El pueblo de Cuba ha tenido que vivir bajo los caprichos de Fidel y su hermano Raúl.

Capítulo 2

Infiltración en Cuba

Vamos a toda velocidad, la lancha es muy rápida, por lo menos vente nudos, el cielo está bien oscuro, una noche escogida a propósito, el mar me salpica la cara, hay mucho viento, frialdad, Nubes negras y tenebrosas nos rodaban, una oscuridad total. En el oleaje del mar abierto la lancha se resistía violentamente, niebla salina salpicaba sobre el parabrisas pequeño cada vez que la lancha enterraba su proa. Vamos a escondidas, se ve solo el mar.

Es una noche sumamente oscura y algo fría. Estoy vestido con tenis, con un jean, un pulóver y un chaleco ligero. (Tenía una gorra que el viento me llevó.) Hay un silencio total en la embarcación, nadie habla, tres hombres más me acompañan, uno se llama Tomás, al otro le decimos El bigote. Hay otra persona que no conozco. Vamos a llegar a la corriente del Golfo pronto, Tomas grita. Y el mar va a empeorar cuando lleguemos a él.

No sé qué clase de embarcación es, pero es muy rápida, la lancha tiene 23 pies de eslora, el motor creó que es tipo Chrysler. Un hombre maneja la embarcación, otro está al tanto que no nos sorprendan y otro es el que navega para estar seguro de llegar al punto a donde vamos. Donde la otra embarcación me va a recoger, un barco cubano me recogerá en aguas internacionales y viceversa. El guardacosta cubano no tenía derecho a disparar en aguas internacionales. Tengo pensamientos diferentes, uno estoy muy excitado en regresar a Cuba, estoy nervioso y ansioso; no sé lo que me espera, son sentimientos de alegría, de miedo y de emoción. Son sentimientos que no sé cómo expresarlos.

    Si las condiciones del mar lo permiten, la lancha se detendrá sin fondear solo un momento para pasar de la lancha rápida al bote pesquero. Se deduce que las condiciones del mar sean favorables en esta temporada. El alcance del radiotelefónico es de unas 35 millas, toda clase de comunicación por radio está completamente prohibida, para asegurándonos de que estas comunicaciones no sean captadas por el enemigo. Las comunicaciones solo pueden ser transmitidas por el capitán. No se puede fumar, el capitán comunicara cuando se puede hacer.

    Yo me estoy mareando un poco. Me levanto y camino hacia afuera. Rápido tengo que agarrarme para no caerme. Pero respiro el aire fresco de la noche, el viento y el agua que me dan en la cara de vez en cuando para mejorarme un poco del mareo.

    De pronto mis pensamientos son interrumpidos por la voz de Tomás que grita.

    —¡Estamos entrando en aguas de Cuba!

    Todos nos miramos en un silencio total que puede haber durado un minuto, dos minutos, tres minutos, no sé. De pronto sentimos el motor de un avión que se aproxima. Todos nos ponemos en tensión, la vista de todos sube hacia el cielo.

Estamos mirando al cielo, no vemos nada, no vemos ninguna luz, no vemos nada de luz. Pero el motor se aproxima y es bien poderoso. Todos los músculos, todos los sentidos están en tensión. Nadie habla, nadie se mueve, los ojos de todos están clavados en el cielo. Todos estamos en tremenda tensión. El silencio parece que pesa mil libras, es una tensión insoportable.

Isla de Cuba

El ruido del motor del avión empieza a alejarse, de vez en cuando lo podíamos ver entre las nubes, estaba muy oscuro, el jet volaba alto, todos respiramos, con un sonido fuerte que podemos oír completamente. Después desapareció en la bruma nocturna. La tensión ha sido increíble pero gracias a Dios, no nos descubrieron.

Un hombre me grita.

—¡Oye!

Cuando miro, Tomas me tira un cartucho y me dice.

—Vístete, esta es ropa cubana.

Del cartucho saco un pantalón Khaki, una camisa bien

ligera y unos zapatos que son entre tenis y zapatos (siento tener que quitarme mis tenis tan cómodos), me visto y pongo la ropa en una de las maletas que llevo. Llevo dos maletas negras, en una van las armas, en otra van varias mudas de ropa.

Las ropas van a ser introducidas por otro bote como las armas, no podemos arriesgar al combatiente con las armas, si se coge al hombre podrán conseguir otro hombre. Si se cogen las armas podrían conseguir otras armas; O sea, vamos a infiltrarnos en plan A y plan B. Plan A me llevará a mí, plan B lleva las armas, la ropa y todos los documentos que necesito.

Supuestamente nadie sabe cuál es la misión. Saben que es una misión de infiltración, pero se supone que no sepan la misión real mía. Supuestamente Phillips, el Gordo y los jefes de la CIA saben de la operación final, los demás piensan que voy a hacer un sabotaje, cierta clase de operación, no saben la operación en sí.

Alguien grita.

—¡Contacto, contacto!

Todos miramos al mar, yo no veo nada, miro y miro yo no veo nada. Alguien dice.

—¡Allí, allí!

Apuntan con el dedo, efectivamente, veo una luz roja que se enciende y se apaga. Hemos hecho contacto, trato de mirar el reloj, no lo puedo ver en la oscuridad, pero hago un cálculo. Me imagino que deben ser las cuatro o cuatro y media de la mañana. El viaje tomó alrededor de cuatro o cinco horas. Un momento increíble, la tensión es enorme, la lancha sigue a toda velocidad, vamos excesivamente rápido, se acerca y se acerca y seguimos a toda velocidad. Tratamos varias veces de acercarnos a la embarcación.

Finalmente, con algún trabajo, nos unimos por solo unos minutos, lo suficiente para brincar de la lancha al bote de pesca. Tomás me mira, me da un apretón de mano, el del bigote también, el otro hombre me da la señal del dedo pulgar (thumbs up) se la devuelvo, sin decir palabra, brinco, primero lo que siento es el olor, un olor fuertísimo, tan fuerte que se me hace desagradable, dos hombres van a bordo, aparentemente dos pescadores, me extienden la mano y se presentan como Juan y José.

La lancha rápida se aleja a toda velocidad, el bote pesquero parece que no se mueve, miro alrededor, botellas vacías, cacharros tirados, sogas, no tiene asientos, dos latas de manteca vacías son los asientos, no hay varas de pescar, solo unos palos de alguna clase de bambú o caña.

Tienen un compartimiento con techo, un marco que ha visto una puerta alguna vez, miro adentro, hay frazadas viejas regadas, dos o tres almohadas negras y sucias y un tibor o algo así para dar de cuerpo. Es un barco de madera, viejo, lento y apestoso.

El viaje en este barco parece que va a ser muy lento, parece que va a dejar de funcionar en cualquier momento. El ruido es tan alto que no se puede hablar, no es que yo tengo deseo de hacerlo, pero si quisiera, sería casi imposible. Me tiro en una esquina, tengo que ensuciarme un poco y coger olor a pescado. El aire de mar tropical y sus espumantes olas, las nubes agrandadas que se ejecutan con la brisa, el azul profundo del amanecer del Caribe, todo ello hizo que mi estado de ánimo se fortaleciera.

Al cabo de un largo rato, se me aproxima Juan, me da un carnet de trabajo y otro del partido. Ninguno tiene foto, me identifica como Omar Suárez con residencia en Guanabo, lo guardo en un bolsillo del pantalón.
Juan me dice, —Pronto nos encontraremos a la lancha guarda costa de Cuba. Ellos siempre nos paran y esperan ver a tres, Juan, José y Omar, pero nunca nos abordan o registran.
Cierro los ojos, trato de dormir un rato, me despierta el grito.

—¡Patrullera, patrullera!

Juan se aproxima a mí y me tira una gorra, me dice.
—Póntela.

La patrullera se acerca, se acerca a nosotros. La patrullera tiene dos reflectores, nos están alumbrando al bote de pesca pero por secciones; o sea, no alumbrando todo el bote, la patrullera parecía que iba sumamente rápida en comparación al bote de pesca. Nos pasaron bien pegadito y nos dieron dos vueltas alrededor. De la patrullera nos gritaron, Juan levantó la mano en señal de saludo, hice lo mismo desde el suelo, sentí el latido del corazón en el cerebro por la tensión. Lo que pareció una eternidad, fueron unos cuantos minutos.

La patrullera se alejó y todos respiramos tranquilos. Habíamos burlado la famosa patrullera. No dijimos nada, nos mantuvimos callados por un largo rato, simplemente respirando. Fue un momento clave en la operación, un momento donde la vida de nosotros tres estuvieron en juego. Si nos hubieran sorprendido, nos hubieran fusilado a los tres probablemente, la operación empezaba.

En el horizonte se divisaba las olas cuando se estrellaban contra la costa. Llegamos a tierra firme cuando ya amanecía, por un momento me acordé lo que decimos nosotros en el exilio, que bonito es el cielo de Cuba, la nubosidad era típica para esta época del año, cuando el sol se elevó sobre los vientos dominantes del oeste engendrado cúmulos impresionantes, la anchura de la bahía cambia según la condición de la marea, atracamos en un pequeño puerto, un puente grande de madera donde había otros botes amarrados, llegando unos y otros saliendo, no muchos, siete u ocho. Enseguida que tiramos la soga Juan me dijo.

—Vamos.

Brincó al puente de madera, le seguí y empezamos a caminar, me bajé la gorra y seguí a Juan, de reojo miré hacia atrás y vi a José amarrando el bote, haciendo todo lo que se hace cuando se viene de altamar. Seguimos caminando rápido por el puente de madera; algún pescador saludó a Juan y alguien le gritó.

—¿Oye, cómo te fue la noche?

Juan le contestó.

—Una porquería, ¿Y a ustedes?

Yo también metí la mano, hice un gesto con la mano como diciendo, una basura, ellos contestaron.

—Una mierda, no cogimos nada.

Seguimos caminando rápidamente, bajamos del puente y fuimos caminando hacia donde hay unos tres o cuatro carros parqueados, son unos fotingos, parecen unas jicoteas, unos tanques, hace años que no veo algo así. Nos acercamos a un Chevrolet 53 o 54 verde, parece pintado a mano, Juan dice.

—Súbete, está abierto.

Abro la puerta, me siento. La puerta pesa una tonelada, adentro los asientos están todos rotos, la pizarra está toda rota, no tiene radio, Juan se sienta, echa a andar el carro, salimos, en realidad no reconozco nada. Es verdad que estuve muchas veces en Guanabo con mi mejor amigo que vivía al lado de mi casa, yo vivía en Santa Catalina, mi mejor amigo se llamaba Rene, íbamos muchas veces a Guanabo a bañarnos a la playa y a montar caballo, lo recuerdo todavía, pero hace más de 10 años, en realidad no me acuerdo de nada, salí siendo un niño.

Echamos a andar el carro, parece una tostadora, parece que se va a quedar parado en cada esquina. Miro alrededor mío, veo unas cuantas gentes caminando, unos cuantos camiones, trato de recordar, pero no reconozco ningún lugar. Después de un rato me doy cuenta que estoy pasando por el mismo lugar varias veces, miro a Juan como preguntándole, él se da cuenta y me dice.

—Quiero estar seguro que no nos estén persiguiendo de lejos.

Tiene razón este hombre. Me inclino miro hacia atrás por instinto, no veo a nadie, me acomodo, me bajo la gorra y vuelvo a mirar hacia adelante. Si he cambiado 20 palabras con este hombre es mucho, en ciertas operaciones es mejor así. Lo menos que se converse es mejor para los dos, en otras operaciones en dos o tres días llegas a conocer a tu compañero casi más que a un familiar, pero en esta vez no es así, casi no hemos conversado, es que la tensión es muy grande, es tan grande que no puedo disfrutar que estoy de nuevo en Cuba.

Seguimos dando vueltas seguros de que nadie nos persigue, doblamos en una calle y Juan me dice.

—Allí está la casa, la casa amarilla, te están esperando. Llega frente a la casa y frena, miro hacia él, me tiende la mano, se la estrecho, por primera vez me doy cuenta que es una mano tosca, fuerte, bien áspera, me doy cuenta que es un hombre que ha trabajado duro toda su vida.

Él me dice.

—Buena suerte, te espero en unos cuantos días, yo

soy tu boleto para salir de Cuba.

Nos miramos un momento más a los ojos y me doy cuenta de que este hombre para mí, vale un millón de dólares, sin decir palabra abro la puerta, me bajo, camino hacia la casa. Mientras camino pienso, qué hombres más valientes estos de Cuba, están peleando contra el monstruo dentro de Cuba. El hombre que dirigía la operación encubierta en Guanabo nunca había puesto un pie dentro de USA y probablemente nunca lo hará.

Calle Central Guanabo

Recuerdo que había conocido siendo muy joven a Fidel Castro en una visita con mis compañeros de clase a la capital, sentí la fuerza de su personalidad, era alto, viril, y lleno de vida. Fidel Había crecido odiando a los Estados Unidos, odiando a los yanquis. Él personificó el resentimiento de algunos de los cubanos contra el resentimiento estadounidense, era una emoción vil, como el odio y la envidia.

Cuba la isla más grande de las Antillas, el vecino más controversial, notorio del continente, una isla tropical apenas 90 millas de cayo hueso. Christopher Colón la describió como "La cosa más hermosa que jamás he visto."

Capítulo 3

En Tierra Cubana

Toco la puerta una, dos veces, la puerta se abre, aparece un hombre pequeño, delgado, me dice.

—Entra, entra rápido.

Entro y echo un vistazo hacia atrás, veo a Juan alejándose, me entra un vacío en el estómago, la puerta se cierra, adentro hay otro hombre y una mujer; la mujer debe tener 30 años, de pelo lacio, cara redonda, es gordita parece que ha pasado mucho trabajo, pero todavía es atractiva, me di cuenta de que diez años atrás era una mujer muy hermosa. El otro hombre es un hombre alto, fornido, trigueño, muy fuerte, no parece haber pasado hambre en Cuba. Me tiende la mano y se introduce.

—Mi nombre es Miguel, ella es María y él es Octavio, son esposos.

Le doy la mano a los tres y como siempre no digo mi nombre, no sé si los nombres que me dan son verdaderos o nombres de combate, pero siempre guardo silencio.

Me invitan a sentarme, me siento, es una salita pequeña, con muebles rústicos, un sofá del año de la nana, dos butacones viejos, una mesa que parece que tiene más de cien años y el sillón típico cubano que no debe faltar, me preguntan.

—¿Debes estar cansado?

Respondo.

—Completamente.

Me dicen.

—Tenemos una ropa en el baño para que te des un baño y descanses, nosotros vamos a salir a hacer una diligencia.

Me sobresalto y me paro, no puede ser, en mi mente pienso, una traición, les digo.

—¡Todos ustedes tienen que quedarse!

Ellos comprendiendo mi actitud se miran entre sí, por un momento no saben qué hacer, la mujer dice.

—Yo me quedo.

Los hombres me dicen.

—Tranquilízate estás entre amigos.

Yo me tranquilizo un poco, me vuelvo a sentar, también lo hacen ellos, se habían parado junto a mí. Hablamos unas palabras unos minutos sobre el viaje, nada en concreto.

Cuando se levantan me dicen.

—Báñate y descansa, nosotros tenemos que hacer unas diligencias que son parte de la operación.

Los hombres se dirigen a la puerta, me levanto con cautela, miro por la ventana que está cerca de la puerta, los veo caminar hacia un carro, también parece un carro sacado de una película, el carro no tiene color de lo viejo que está, se suben, tratan de arrancar varias veces y se alejan enseguida.

La mujer me dice.

—Ven báñate, estás en tu casa.

Entro al baño, es un baño viejo y muy pequeño, le faltan como cuarenta losas, en su época debió haber sido un baño muy bonito, en este momento es un baño prehistórico, el lavamanos está todo negro, la bañadera no tiene color, tienen un cubo y una soga para la ducha. La mujer me dice.

—Báñate, esta es una de las pocas casas que tiene agua caliente todavía en la ducha.

—Aquí tienes la pijama.

Cierro la puerta, me quito la ropa apestosa, entro en la ducha, y me empiezo a dar un baño, que rica está el agua. A pesar del agua caliente bajo la ducha, pensando en la operación escalofríos recorrían mi espalda. Estuve bajo el agua diez o quince minutos, descansando, estoy sumamente cansado, recuerdos me vienen a la mente, recuerdo cuando venía a Guanabo con un amigo y su familia, también recuerdo el último día lo que el padre de mi amigo me dijo antes de salir de Cuba.

René, mi mejor amigo, estaba paseando su perro frente a mi casa, salí a la acera a despedirme, yo tenía trece años, cuando me estaba despidiendo, el padre se asomó al balcón, ellos vivían en un edificio en Santa Catalina, y Santiago me gritó.

—¿Te vas mañana?

Le contesté.

—Sí.

Me gritó.

—¡Dale recuerdo al burro de Kennedy!

Supuestamente con nosotros nunca se metieron, es una familia que recuerdo con cariño, vivía al lado de ellos desde que era niño, desde dos o tres años hasta que me fui de Cuba, a pesar de que eran del partido, yo a ellos los recuerdo con cariño, Rene era mi mejor amigo. Me pregunto, ¿dónde estarán, cómo estarán y qué estarán haciendo? Estoy mucho tiempo bajo la ducha, estoy muy cansado, me seco, me pongo la pijama que me cuesta trabajo ponérmela, porque me queda corta de tobillo y de manga y unas pantuflas que deben ser chinas o rusas o de alguno de esos países, porque parecen de juguete.

Salgo y la mujer me dice.

— Ven siéntate.

Me da un café con leche y un pedazo de pan grande. El pedazo de pan es más duro que los bolillos de México, el café con leche me sabe a gloria, está caliente, estoy cansado y tengo debilidad, me sabe a gloria, la miro, le doy las gracias, porque en un país como Cuba, que la leche se la dan solo a los niños, hasta los siete años, que te den leche, es como darte 500 dólares. Se lo agradezco, porque sé el trabajo que cuesta conseguirla.

Me vuelve la vida, me vuelve la fuerza, cuando termino, me dice.

—Ven descansa.

Me lleva por un pasillo a un cuartico, cuando entro es bien rústico, tiene una cama, un escaparate del año 40 o 50, una pequeña ventana y una puerta. Me dirijo a la puerta, la abro, miro, es un pasillo con una cerca que da a un patio, cualquier cosa, es una forma de escape, cierro la puerta, me siento en la cama, huele a limpio, estoy muy cansado, estoy en este trajín desde las 6 o 7 de la tarde del día anterior.

Me acuesto y miro al techo, la tensión, la presión, los momentos emotivos, la emoción de estar en cuba, el temor de que te sorprendan, todas son emociones muy fuertes y que me tienen estropeado, completamente, pero no sé si pueda dormir, estoy a mil. Miro al techo, trato de descansar, pienso y recuerdo mis viajes a Guanabo. No sé cuánto tiempo estuve así, sé que el estropeo me invade, empiezo a relajarme un poco, en unos pocos minutos estaba dormido.

Me despiertan, alguien toca la puerta, tan, tan, de un brinco estoy en la puerta, la abro, es el hombre fuerte, me entrega una de mis maletas, negra, me dice.

—Vístete, salimos en una hora para la Habana.

Sin decir palabra da media vuelta y se aleja, cierro la puerta, tiro el maletín en la cama, lo abro rápidamente, saco cosa por cosa, 3 jeans que yo había empacado, tres o cuatro camisetas pulóver, y lo que más me importa, un sobre, del sobre saco los dos pasaportes. Uno que me identifica de Panamá, el otro de Nicaragua. No tengo nada más que me pueda incriminar, tengo los tenis y un par de zapatos negros, respiro descansado, es mi ropa, o sea, ahora tengo que vestirme para parecer un turista, me visto rápidamente, cuarenta minutos después estamos todos en la sala listos para salir para la Habana.

La cubana se aproxima a mí, me da un abrazo, la cubana se despide, yo le digo.

—Usted es una mujer muy guapa.

Sin decir palabras salimos de la casa, la mujer se queda en la casa, nos subimos en el carro que dice taxi, aparentemente escrito a mano, es un carro que no conozco todavía, no lo había visto. Me siento adelante, este debe ser un Chevrolet 57 o 58, tiene una placa colgada adelante, dice que es un taxi de un hotel.

Sin decir palabra nos acomodamos, el hombre fuerte alto atrás, el hombre delgado en el timón, yo en la derecha. Sin decir palabra salimos y nos marchamos. Miro mi reloj, por cosas de la vida está caminando otra vez, si me preguntan no sé por qué está caminando, marca las 2:30 PM, les pregunto qué hora tienen, me dicen, son las 1:15 de la tarde, pongo mi reloj en tiempo y lo inspecciono, sigue funcionando, no sé por qué se habrá parado, pero ahora funciona perfectamente.

Doblamos izquierda en la esquina en sentido opuesto como habíamos venido por la carretera, uno de los hombres me dice, vamos a parar en aquel quiosquito. Está medio desbaratado, no hay muchas cosas que puedo almorzar, solo arroz y huevo frito, es lo único que hay en estos momentos, y una cerveza. Los dos hombres cubanos no quieren comer nada, dicen que ya comieron, los invito a una cerveza, pero la quieren compartir entre los dos, nos sentamos todos en la mesa, hablamos un poco, cosas sin importancia, yo me fijo en todas las personas que entran y salen, me fijo en todos los gestos, en todas las cosas que hacen, en la mesa de nosotros en realidad hay un gran silencio, conversamos de vez en cuando de cosas sin importancia. Pago y treinta minutos después nos subimos otra vez en el carro, me acomodo y empiezo a mirar el paisaje.

Cuando estamos en rumbo hacia la Habana, en el carro todo es silencio, de vez en cuando cambiamos algunas palabras, vamos por la avenida 13 hasta la 4-58 para doblar izquierda para tomar la vía Blanca, de vez en cuando nos pasa por el lado opuesto un fotingo, o un camión, casi no se ve a nadie. Le pasamos por el lado a un carretón con caballos y muy de vez en cuando aparece un fotingo o un carro del año de la nana, o un camión lleno de personas. Miguel me dice.

—Si nos pararan, tú eres un turista que nos pagaste para que te llevemos del hotel Nacional hasta Guanabo de paseo.

No contesto, comprendo, pienso que esta es una acción en que estamos envueltos un grupo de personas, cada persona sabe qué hacer, qué decir, una sola persona no la puede llevar a cabo, uno depende del otro y el otro depende del otro. Todos arriesgan su vida por una sola causa, la libertad de Cuba, todos estamos peleando contra el monstruo del comunismo.

El silencio inunda el carro, mis recuerdos viajan,

recuerdo cuando de niño yo viajaba con mis padres a la finca que teníamos a la salida de la Habana, una pequeña finca que mi abuelo compró y que todos los hombres de la familia construyeron, unos hacían la electricidad, otros trabajaban de albañiles, etc., todos los hombres fabricaron la finca, en este trayecto me acuerdo de esos viajes. Miro al cielo, efectivamente, qué bonito es el cielo de Cuba.

A mí siempre me gusta operar solo, pero en este caso no hubo otra alternativa, tuve que trabajar con algunos grupos combatientes dentro de la Isla, muchos de ellos a veces no se conocen entre sí, otras veces sí se conocen, cuanto menos se conozcan uno al otro es mucho mejor, por si acaso alguien cae preso, lo menos que se conozca de la operación o del otro combatiente, hay menos peligro en caso de que lo torturen, de que la operación sea un fracaso. En este caso, yo personalmente decidí trabajar con diferentes grupos dentro de Cuba, y traté de escoger personas que no se conocían entre sí. Como se sabe, lo más importante en una operación no es guerra convencional, si no la de inteligencia.

Por instinto a cada rato miro hacia atrás del carro para saber si alguien nos persigue, la carretera está vacía, nadie viene detrás de nosotros. Tomamos por la avenida 13, pasamos a la carretera 4-58, de allí a la Vía Blanca, vamos a pasar por Boca Ciega, Santa María, Tarara, Bacuranao. Estas playas presentan lo mejor de las playas tropicales, con sus arenas blancas rodeadas de mar azul. El contraste es un paisaje bellísimo y encantador. Me siento mucho más relajado, que unas horas atrás, dormí, comí, me bañé y mi mente esta mucha más despejada, puedo pensar con facilidad, no estoy estropeado, mis nervios se han tranquilizado una gran parte de lo nervioso que estaba unas horas antes.

Pronto recogeré las armas, la situación será de mayor tensión, ya que si te cogen con esas armas, tu vida no vale nada. Los combatientes me van a llevar, dejarme en un hotel y se marchan, se supone que no saben nada de la operación y si saben o se lo imaginan, por lo menos no lo mencionan y yo mucho menos.

Capítulo 4

La Habana

Entramos por el túnel de la Habana, pasamos por el frente del Castillo de Salvador de la Punta. Observe a lo lejos el castillo del morro símbolo del poder colonial. La Punta, al igual que El Morro fue diseñado para proteger la entrada de la Bahía de La Habana y se convirtió en una importante y estratégica puerta de entrada al puerto, para protección de las visitas de corsarios y piratas.

La Fortaleza de San Salvador de la Punta una pequeña fortaleza construida en el siglo XVI, en el punto de entrada occidental a la bahía de La Habana, desempeñó un papel crucial en la defensa de La Habana durante los primeros siglos de la colonización. Alberga una veintena de antiguos cañones y antigüedades militares. En la Habana hay mucha gente en la calle, mucho tráfico, los autobuses van repletos, mucha gente va caminando.

Debido a la existencia de casi 500 años, la ciudad cuenta con algunos de los más diversos estilos de la arquitectura en el mundo, desde castillos construidos a finales del siglo XVI a rascacielos. Todavía sigue siendo una gran ciudad. Toda despintada, no es el recuerdo que yo tenía, la recordaba de una forma tan bonita y tan limpia, hoy en día no es ni la sombra de lo que fue, a pesar de que sigue siendo una gran ciudad.

La Habana es una ciudad con varias caras, no es solo

histórica y bella, si no también una de las ciudades más envidiadas. Con sus solares, mujeres bellas, rumba, salsa, ron y tabaco hacen de la Habana una ciudad bella, descuidada y misteriosa. Todo en el país entero esta roto o desgastado.

El cubano promedio estaba peor ahora de lo que estaba los últimos años de Batista. La comida es escasa, la economía está en ruinas, los gobernantes están abiertamente corruptos, y el sistema social se cae a pedazos. Siento mucha emoción al viajar por las calles de la Habana de nuevo, por la emoción siento un nudo en el pecho, es una emoción muy fuerte.

Vamos por el Malecón en camino hacia el hotel nacional en 0 esquina 21. En esta operación no me queda más alternativa que confiar en los grupos subversivos dentro de Cuba, que por cierto son sumamente valientes. Tengo varias direcciones de varias casas de combatientes en la clandestinidad, que es donde yo prefiero moverme, ellos conocen bien la situación y saben los movimientos, tengo que tomar un hotel para cubrirme, en caso de que sea sorprendido, tratar de demostrar que soy un turista, de otra manera ¿Quién soy yo? y ¿Dónde estoy?

En esta operación tú no apareces en ningún papel de la CIA, en ninguna lista, o en ninguna organización por el estilo, si te sorprenden, la CIA lo negará siempre, nadie te conoce, es más yo nada más conozco dos o tres personas. Sus nombres son inventados, igual que ellos a mí, muy pocas personas me conocen y si me conocen son por nombres de combate. Lo importante en una operación así, es discreción.

La compañía cuando es posible no debe saber el día u hora del atentado. Otra cosa importante es no dejar evidencias que te puedan incriminar en caso que te detengan.

La Habana está llena de carteles políticos, patria o muerte, venceremos, etc. El hotel Nacional en la calle 0 esquina 21 es el más hermoso de la Habana, es un hotel de 5 estrellas, su entrada fue construida en 1930, las personas famosas que se hospedaron en ese hotel son Winston Churchill, Marlon Brandon, Eva Gardner y otras.

El hotel se ve impresionante todavía desde la esquina, el carro frena, nos miramos, me tienden la mano, se las estrecho, me desean buena suerte, abro la puerta, y sin mirar atrás empiezo a andar, veo cómo el carro pasa por mí lado.

La Habana

Hay mucha gente caminando, la Habana es una ciudad muy bonita, camino y me acerco al hotel, en la entrada del hotel hay un militar, un miliciano, o un policía. Entro, el lobby es inmenso y precioso, tiene un jardín interior lindísimo, una piscina maravillosa, me dirijo hacia el desk, la mesa de registración.

    Mis ojos cautelosamente echan un vistazo alrededor, me fijo si hay cámaras, se supone que tengan cámaras, ya en 1965, hubo informes de prensa en los Estados Unidos que sugieren el uso de la policía de cámaras de vigilancia en lugares públicos. En 1969, las cámaras de la policía se instalaron cerca del Ayuntamiento y en algunos lugares de la Ciudad de Nueva York. La práctica se extendió rápidamente a otras ciudades, y países con los sistemas de circuito cerrado de televisión (CCTV). Miro a las personas, sabía que la mayoría de los empleados del hotel eran de la policía secreta cubana, no tenía duda ninguna. Se supone que tengan personas del G-2 (de la secreta de Castro) como empleados, yo creo, que este es otro momento critico.

Hotel Nacional

    Me piden el pasaporte, lo abren, le verifican el cuño del Aeropuerto de La Habana, la entrada a Cuba. Por supuesto lo tengo, es falso, hay una muchacha elegantemente vestida y un hombre de traje. El hombre es el que me atiende, trato de hablarle para entretenerlo, le pregunto.

—¿Cómo está la temperatura en Cuba?

El hombre se ríe y me dice.

—Muy buena, la temperatura está muy buena.

Le digo.

—Dame un cuarto, el más bajo que tengas y lo más para atrás del hotel, me molestan los ruidos.

Pero en realidad es porque sé que atrás está la salida de las escaleras de escape, en caso de que tenga una necesidad. Saco una propina, se la doy al hombre cubano, tratando que nadie lo vea y le guiño un ojo, dámelo bien cerca de la escalera de fuego, el hombre no sospecha nada y piensa que quiero meter mujeres por allí.

Él me dice.

—Por supuesto.

Toma la propina rápidamente, me da la llave, me da para firmar el libro de registro y después me dice.

—El cuarto es el 220, voy a llamar al bellboy para que te acompañe.

—No hace falta.

Le digo.

—Tengo un maletín pequeño.

Echo a andar.

—Gracias.

No pierdo tiempo y me voy antes que llame el

bellboy, no pierdo un minuto y echo a andar rápidamente hacia el elevador. Aprieto el botón, espero que se abra, cuando se abre, del elevador salen unas cuantas personas, entre ellas, casi todas son turistas, parecen rusos, o de algún país del bloque comunista, aprieto el botón para el segundo piso, se cierra, subo, salgo del elevador y busco la habitación.

La encuentro, pero sin entrar sigo caminando hasta la salida de fuego, efectivamente, dos cuartos después del mío está la salida de fuego, bien cerquita, respiro tranquilo, en caso de una emergencia, tengo una salida de escape.

Me tomó mi tiempo para caminar por el hotel nacional, una obra maestra clásica de 1930 cerca de la bahía de La Habana, con coloridos paneles de madera y varios pavos reales deambulando, el lugar tiene un aspecto superior del Caribe.

Regreso, abro la puerta de la habitación, el cuarto es bien moderno, tiene vista al mar, parece limpio y muy acogedor, hay una pequeña mesa, dos butacas, dos camas individuales, dos mesitas de noche, teléfono, una lámpara ,un televisor, un cuarto bonito, paso al baño, el baño está limpio, hay toallas, pruebo y hay agua caliente, es bien moderno.

Me siento donde había tirado la maleta, me tiro en la cama, es increíble que esté en el medio de la Habana, es increíble, después de unos minutos pensando, me levanto, camino hacia la ventana, la vista es preciosa, la vista al mar maravillosa. Pagué cuatro noches de hotel, pagué en efectivo.

    Me entra la tentación de pasar por mi barrio, yo sé que este no es un viaje turístico, pero la tentación es grande, me invade el pensamiento, y pienso que lo voy a hacer. Tomo mi pasaporte y mis papeles de turista, me lo echo en el bolsillo, el otro pasaporte me lo escondo en la media que tengo puesta que tiene como un bolsillo, es una media especial, sin pensarlo echo andar, bajo al lobby me dirijo al mostrador y le digo al hombre.

—Quiero rentar un carro.

    Siempre estoy atento mirando alrededor, mis ojos se fijan en todos los detalles, todas las personas que entran y en todas las personas que salen, las que están cerca de mí, quiero recordar a estas personas, por si las vi en algún lugar, mi vida depende de eso. Tengo que hacerlo de manera que pase inadvertido para no llamar la atención.

    El cubano se mata para atenderme, parece por la propina que le di, me dice.

—El único carro es un carro mecánico.

—No importa. Le digo.

    Me da los papeles, tres o cuatro papeles, los firmo, le pago, le vuelvo a pasar la propina por debajo de la mesa, me explica dónde está el carro, me da la llave, y salgo a paso rápido a buscar el carro, lo encuentro, es un carro pequeño, crema, de dos puertas, lo abro y me siento, es un poco incómodo, pero hará el trabajo, no tiene aire acondicionado, es mecánico, lo pruebo, pero sí tiene radio. Salgo por la calle O, me dirijo a tomar 10 de Octubre para ir para la Víbora.

Todavía hay mucho tráfico en la Habana, mucha gente caminando, los autobuses están repletos. Todo lo observo con mucha atención, de vez en cuando mis ojos van al espejo y estoy seguro de que no me están persiguiendo.

Cuando más tranquilo estoy, de pronto, un carro patrullero dobla derecha en una esquina, los nervios se me ponen de punta, me pongo en tensión, el carro patrullero va detrás de mí una, dos cuadras, de pronto me para, la sangre se me congela en las venas, el corazón se me quiere salir, ¿Me habrán descubierto?, ¿Sabrán quién soy?, ¿Me irán a detener?, miro por el espejo y veo caminar al oficial hacia mí, me he puesto frío, como un hielo, le pregunto.

—¿Pasa algo oficial?

Me pregunta.

—¿Los documentos?

Se los entrego, va hacia el carro patrulla, deben de haber pasado 4 o 5 minutos cuando más, pero a mí me pareció una eternidad, estoy seguro que me han sorprendido, quizás un chivatazo, no sé.

El oficial se vuelve a acercar a mí, yo aguanto la respiración, me dice.

—Todo está en orden. Toma tus papeles, tenemos que estar atentos porque hay muchos enemigos de Cuba, y quise revisarte los papeles para ver que todo estaba en orden, buen viaje, sigue tu camino.

Le di las gracias, salí más rápido que cuando había parado, una cuadra después doblé derecha, detuve el carro, tuve que descansar, tuve que respirar profundo, tuve que controlarme, tuve que relajarme, estaba sobremente nervioso, estaba sudando frío, tuve que estar tres o cuatro minutos para poder controlarme, pensé que era el final de la operación y de mi vida, pensé que me habían dado un chivatazo, pensé que me prendían. Gracias a Dios, nada pasó.

Después de reponerme unos cuantos minutos, volví a ponerme en marcha, no solo mi vida depende, también la operación. La operación es más importante que mi vida en estos momentos, los cubanos están arriesgando sus vidas para que esta operación se lleve a efecto.

Sigo suavemente hacia mi barrio, esta vez con mucha más precaución manejando, me fijo bien en todas las esquinas, sigo mirando por el espejo casi constantemente, quiero estar seguro de que si me están persiguiendo o si me han descubierto y no me quieren prender todavía, tengo dudas si regresar al hotel o no, o ir hasta el barrio mío, decido por el barrio mío, es algo muy fuerte lo que me llama.

Me he perdido un par de veces, varias veces he tenido que preguntar. Los cubanos son cooperativos y amables.

Estoy por Santa Catalina, me aproximo al Niágara, me trae muchos recuerdos, ya que quedaba a una cuadra de mi casa, paro el carro, me quedo parado mirando, está viejo, maltratado, pero está abierto para mi sorpresa.

Lo miro bien, me fijo, sirven comida o alguna clase

de bebida pero todavía está abierto, acelero, pasó Juan Delgado, por la misma Santa Catalina y me encuentro con el cine Santa Catalina. Decelero, paso despacito, todavía está funcionando como cine, aunque necesita pintura, está viejo, tengo grandes recuerdos en ese cine. Lo visitaba con mis padres cuando niño, en ese cine yo vi a Hércules, por Steve Reeves, y muchas otras películas.

Sigo acelerando despacio por toda Santa Catalina, me trae muchos recuerdos, yo siempre caminaba por esta cuadra todas las noches con mi padre al Niágara, a comer tostada y frozen de chocolate, sigo avanzando, paso por mi casa, decelero instantáneamente, quiero que nadie vaya a entrar en sospecha, qué fuerte es la emoción, ver mi casa de nuevo, con su gran portal, donde todas las noches nos sentábamos, con mis padres, abuelos, y tíos, con mis primos jugaba allí, se me hace un nudo en la garganta y una lágrima se me quiere escapar de los ojos, echo una mirada más y acelero poco a poco, la casa está muy maltratada, necesita pintura.

Mi emoción ha sido fuertísima, se me hace un nudo en la garganta, no puedo aguantar y una lágrima se me escapa, acelero de nuevo y sigo por toda Santa Catalina trayéndome miles de recuerdos, sigo acelerando, voy camino a San Juan Bosco, la iglesia que visitaba de niño los domingos con mis padres o con amigos. Paso Mayia Rodríguez, todavía tan grande y bonita, a lo lejos veo la iglesia San Juan Bosco, qué impresionante, cuántos recuerdos, que emoción, el corazón me late rápidamente mientras me aproximo a la iglesia. Llego, me arrimo, la veo tan alta y tan hermosa, me acuerdo de todos aquellos tiempos, me bajo.

Camino hacia la iglesia, la puerta está abierta, entro, algo me pega fuerte en el pecho como un martillo, los recuerdos me invaden de pies a cabeza, me estremezco, Dios mío, cuántas emociones, miro alrededor, hay una u otra persona rezando, toda la iglesia está vacía, sigue tan linda como siempre, por lo menos eso me pareció a mí, me inclino, camino por el pasillo de la iglesia, me arrodillo, le doy gracias a Dios por todo lo que me ha dado, por  haber llegado donde estoy, dudo en este momento, dudo de la operación, pero tengo que ser fuerte, porque el destino de Cuba está en mis manos, también el destino de muchos compatriotas.

Doy gracias por haberme permitido estar allí, haber llegado y le pido que me ayude a realizar mi operación por el bien de Cuba y me permita salir de Cuba. Me levanto, echo una mirada a la iglesia y salgo, sinceramente, con el alma en los pies, porque tantos recuerdos s una cosa fuerte, el que no lo ha vivido, no sabe lo que es.

Me subo en el carro, lo prendo y salgo. Estuve en la iglesia unos 10 o 12 minutos. Si la CIA se enterara que he hecho esto, de que me desvíe del plan, que fui por mi barrio, no le va a gustar nada, pero fue algo que tuve que hacer, algo más fuerte que yo, tuve que correr el riesgo.

Doy la vuelta, regreso por toda Santa Catalina pasando por mi casa, pasando por el Niágara, sigo en camino hacia la iglesia Los Pasionistas, fue construida en el Siglo XX. Cerca de la Calzada de 10 de Octubre, es otra iglesia que conozco, veo la iglesia hermosa, muy alta, muy grande, me acerco, paso despacito, sigue estando tan bonita como siempre, decido no bajarme en ella, se me está haciendo tarde, ya que tengo que encontrarme en casa de un combatiente, que voy a llamar Luis, vive en un edificio en Parragas, doy un paseo por el barrio porque me queda como media hora para la cita, encuentro el edificio, encuentro

parqueo, pero no sin antes estar seguro que nadie me persiga, di varias vueltas, seguro que nadie me persigue, parqueo, salgo del carro, echo un vistazo y sigo caminando

Entro en el edificio, me voy fijando bien en todo, subo al segundo piso, busco la puerta número dos y toco, tan, tan, tan, dos o tres veces, abre un hombre como de 35 años, me manda a pasar y me tiende la mano, aparentemente es muy agradable, me da esa impresión, me presenta su señora que voy a llamar Nina, nos saludamos, y entramos. El hombre de la CIA en Cuba era un exprofesor universitario que vivía por el barrio La víbora, tenía una personalidad Dominante y Fuerte.

Es un apartamento pequeño, me lleva a un salón o cuartico donde tiene una mesa, nos sentamos a conversar, al rato llega la esposa con un poquito de café, la señora se marcha, tomamos el café, él me dice que tiene la maleta negra con las armas.

—¿Cuándo me las vas a dar?

Planeamos mañana, yo voy a salir del hotel caminando con mi maleta negra llena de papeles, lo cruzaré a dos cuadras del hotel por la calle caminando, él me dará su maleta, y yo seguiré con la mía, él dejará caer unas llaves, los dos parán a recogerla y cada uno saldrá con su maleta. Hablamos mucho rato de política, es una persona que me simpatizó mucho, cuarenta minutos después me despido de ellos.

Manejé por la Habana siguiendo las instrucciones que me habían dado, llegué a la calle obispo, esquina calle Cuba, al mismo corazón de la Habana vieja, parqueo, caminé un rato, históricamente es la parte más importante de la Habana, por sus caserones y sus casas coloniales, me fijo, las paredes están sucias, algunas aceras están rotas, la calle está llena de basura, hasta algunas casas le faltan

cristales.

    Fuera de la zona turística la ciudad olía a miseria y la decadencia es palpable. El derrumbe, edificios podridos, a menudo cuatro familias viven en todos los apartamentos. Decrépitos coches viejos, prostitutas en cada esquina, desesperanza universal. La gente luchan batallas diarias para conseguir suficiente comida y fundamentos para sostener la vida.

    He notado muchos cambios en la Habana, hay soldados por donde quiera, letreros revolucionarios de patria o muerte, venceremos, y fotos del Che Guevara, las ventanas rotan dan un aire de desolación. A veces la Habana parece una ciudad fantasma. Los edificios muy desbaratados contribuyen a su aire de misterio, las antiguas mansiones se han convertido en una vivienda multifamiliar.

    La Habana es el puente mitológico entre lo real y lo irreal. Me fijo en algo que no ha cambiado, la mujer cubana sigue siendo una mujer hermosa, para mí una de las mujeres más hermosas del mundo. Me fijo en todo lo que me pasa por el lado, en todo lo que veo, y en los carros, eso puede ser mi salvación, tengo que fijarme de no volver a ver esa cara en otro lugar, si la viera, es posible que me estén persiguiendo. Camino, regreso, sigo caminando para estar seguro que nadie me persigue. Hay un hombre extraño, parece ser del gobierno, del G-2, no estoy seguro.

    Después de un rato, regreso al carro, siempre asegurándome que nadie me está persiguiendo, subo y salgo, regreso hacia el hotel. Pero antes, maneje por todo el Malecón, al final del malecón pase por el túnel del río Almendares y salí en la avenida 5, una carretera ancha que te deja en Miramar, el distrito que era de lujo años atrás, donde ahora se encuentran algunas embajadas y viven bien algunos mandatarios del régimen.

En el hotel hay un restaurante en el vestíbulo, voy y me siento, como un sándwich y un refresco, después subo al cuarto. Reviso todo el cuarto para estar seguro que no hay un micrófono, miro bajo la cama, inspecciono el teléfono, busco en los cuadros, miro en el baño, observo todos los lugares que se me puede ocurrir que pueda haber un micrófono.

Me tiro en la cama para descansar un rato, pienso en el entrenamiento que he recibido, incendiarios y explosivos, mechas y detonadores, explosivos químicos de tiempo, explosivos eléctricos de tiempo, trampas y minas explosivas; también he practicado escape y fuga a pie y en carro, mis pensamientos son interrumpidos por tres o cuatro golpes en la puerta, de un brinco me siento ¿Quién puede ser?, nadie sabe que estoy aquí, solamente los dos combatientes cubanos, ¿Quién será? ¿Serán del G-2? ¿Quién será?

No me queda más remedio que abrir la puerta, doy dos pasos hacia la puerta, la abro aguantando la respiración, cuando me encuentro frente al cubano que trabaja en el desk del hotel, dejo salir el aire pero tengo que tener cuidado que mis acciones no me descubran, le pregunto.

—¿Qué pasa hombre?

—Mira.

Me dice.

—Si me das una propina te puedo conseguir una mujer para pasar la noche, tengo muchachas cubanas muy hermosas y muy jóvenes, hasta tengo mulatas si quieres, me sobresalto, ¿Lo habrá mandado alguien?, ¿Qué debo hacer para que no sospechen?, rápidamente le digo.

—Espérate.

Me saco cinco pesos del bolsillo.

—Aquí tienes la propina, pero yo te aviso, porque tengo compromiso esta noche.

El hombre sonriente toma la propina, se la pone en el bolsillo. Me dice.

—Déjame saber cuando estés listo, hasta luego.

Le digo.

—Nos vemos.

Cierro la puerta, qué susto me ha hecho pasar este hombre, pero quiere seguirse ganando su propina, tengo que tener cuidado que no me estén espiando o de no parecer sospechoso, o de un chivatazo en cualquier momento.

Mi mente no está muy tranquila con el pensamiento de cómo voy a coger las armas, ese plan me parece muy en lo abierto, parece que deberíamos hacerlo en algún otro lugar, de otra manera, de acuerdo con Luis un simple plan básico parece menos sospechoso que algún plan más elaborado.

En ese punto estoy de acuerdo con él, pero algo me molesta, quizás debemos cambiar el plan, entro a bañarme a ver si me refresco, se me ocurre una mejor idea, dejo que el agua corra por mi cuerpo, me tomo un baño largo, sigo pensando en la realidad de lo que estoy haciendo, el peligro en que me encuentro, el peligro en que se encuentran todas esas familias que están en la clandestinidad luchando contra el régimen de Castro, ellos están arriesgando su vida, su familia, todo.

Cojo mi maletín negro salgo por la escalera de fuego para que nadie me vea, llego a mi carro, subo, salgo y lo decido rápidamente, voy a hospedarme en otro hotel, me cambio de pasaporte y me dirijo hacia el hotel El Capri, fue uno de los primeros hoteles / casinos construidos en La Habana Cuba, Ubicado en la calle 21, Entre N y O, Vedado, a solo dos cuadras del Hotel Nacional, abrió sus puertas en noviembre de 1957. Con 250 habitaciones, y una estructura de diecinueve pisos, uno de los mayores hoteles / casinos en La Habana durante su apogeo. Con una inmensa piscina en la azotea que se puede ver en diferentes películas en escenas de apertura.

El Capri

Llegó, parqueo, entro al lobby, el hotel está muy bonito, el lobby lo mantienen muy bonito, me dirijo hacia el despacho (desk).

—Quiero una habitación.

Le saco el pasaporte, se lo muestro, una muchacha cubana como de veintitrés años me atiende, muy atenta, le echo una de mis mejores sonrisas y le vuelvo a hacer el cuento de las escaleras de fuego, le guiño un ojo y le doy una propina, no me la quiere aceptar al principio, pero me la acepta al fin y al cabo, me da la llave de la habitación 12, salgo caminando, voy hacia el elevador, mientras espero que el elevador baje, miro alrededor mío, trato de descubrir algo extraño, sospechoso, alguna cámara, en realidad no veo nada. Unas cuantas personas europeas.

El elevador se abre y subo al segundo piso. Lo primero que hago, como en el otro hotel, camino por el pasillo hasta el final buscando la salida de fuego. La encuentro, busco mi cuarto, este cuarto está mucho más cerca de la salida de fuego. Abro la puerta de la habitación, entro, el cuarto es más pequeño que el otro, este tiene una cama, una mesa, tres sillas, una mesita de noche, un teléfono, un televisor, tiro el maletín en la cama, el baño está bueno, compruebo que hay agua caliente, después me dedico a buscar micrófonos y cámaras ocultas para estar seguro de que nadie oye o ve mis movimientos.

Después de 25 minutos revisando, pienso que no hay cámaras ni micrófonos, vuelvo a salir del hotel, camino unas cuantas cuadras, busco un teléfono público, eso es como buscar en la Habana un real en un patio, todos están rotos, al fin encontré uno, llamé a Luis con la consigna que habíamos hecho.

—Tu sobrino llegó del Pinar del Río.

Traté muchas veces, pero no lo pude encontrar en la casa, por lo tanto, decido por un paseo a pie, todo esto lo hago siempre con precaución chequeando, mirando detrás de mí que nadie viene persiguiéndome, me fijo en todas las personas que me pasan, en todos los carros que pasan, trato de pasar lo más desapercibido que pueda.

Entro en un quiosquito, tomo un refresco oscuro como lo llaman, me como unas galletas con croqueta (las croquetas no saben nada bien que digamos), tenía debilidad, trato de no tomar el agua, porque quizás el agua me puede enfermar, yo llevo muchos años fuera de Cuba.

Después de tratar de comunicarme con Luis por más de siete veces, al fin lo logro, cuando contesta, le digo.

—Luis, tu sobrino llegó de Pinar del Río.

Se queda callado por un momento, me dice.

—¿Lo puedo ir a buscar?

Le digo.

—Si, como no, yo mañana paso a recogerte a las 10 de la mañana en punto, no te olvides de bajarle la ropa.
Se queda callado unos minutos, comprendiendo que hemos cambiado de plan, me dice.

—Te espero afuera. A las diez en punto.

Cuelgo y respiro más tranquilo.

Vuelvo a caminar hacia el hotel. Ya dentro de mi cuarto me tiro en mi cama a descansar, ha sido un día lleno de tensiones, comienzo a revisar en mi mente, el atentado, tengo el plan A y el plan B, puedo decidir, en este momento no sé cuál de los dos voy a llevar a cabo, todavía no sé, mañana voy a dar un recorrido por los dos lugares donde pienso hacer el atentado, para familiarizarme con la zona, aunque ya estoy familiarizado por fotos y mapas, pero quiero hacerlo físicamente.

Pensando, me quedo dormido por un largo rato, cuando me despierto es tarde ya, estoy cansado, bajo, me como un dulce y un café con leche, vuelvo a subir y me preparo para acostarme a dormir, no puedo dormir, doy vueltas en la cama, estoy alterado, estoy preocupado, sé que la acción nada más tiene un veinte por ciento para salir con vida, todo es muy difícil, pero se puede llevar a cabo.

Es mi primera noche en Cuba y ha sido un día larguísimo, estoy estropeado, sin darme cuenta me quedo dormido. Me despierto sin necesidad de despertador como a las 7:30 de la mañana, me visto, me lavo los dientes, me aseo, bajo al lobby para tomar algo, como dos tostadas con café con leche, mientras, miro alrededor mío, hay muchos turistas europeos y unos cuantos españoles que vienen a buscar mulatas a Cuba.

No hablo con nadie, trato de mantenerme lo más serio posible, desayuno rápidamente, salgo del hotel, siempre con precaución, siempre volteándome, mirando siempre, comprobando que nadie me persiga, siempre mirando si veo una cara conocida por segunda vez.

A las 10:00 a.m. en punto me estoy parando frente a la casa de Luis, simultáneamente él sale del edificio, una cosa perfectamente sincronizada, él levanta la mano, me dice.

—¡Ey sobrino!

Y sale caminando rápidamente hacia el carro con un maletín negro que reconozco inmediatamente, abre la puerta y sube, rápidamente salimos en menos de un minuto, no me pregunta nada y yo no le digo nada, él sabe que yo soy el que tiene la última palabra, él sabe que algo grande está pasando, no me lo pregunta, yo no se lo digo, creo que se lo imagina. A las dos cuadras me da la mano y me dice.

—Buena suerte.

Se baja del carro y me dice.

—Yo voy caminando.

Me echa una sonrisa y echo a andar otra vez, ahora estoy sobresaltado, cualquier sospecha, cualquier registro, me van a encontrar con las armas, así no tengo escapatoria, la operación se perdió y se perdió mi vida. Vuelvo al hotel con mucha precaución, bien despacio, parqueo y vuelvo a entrar por la puerta de fuego.

Subo al cuarto, entro y pongo el maletín en la cama, es un maletín bastante grande y pesa mucho, por cierto, pienso que he hecho bien en tener dos cuartos de hotel, unas ropas allá y unas ropas aquí, puedo salir y entrar en cualquiera de los dos, eso me va a servir a la hora de escapar, claro que me puedo haber quedado en cualquier casa de algún combatiente, pero me gusta trabajar solo, prefiero estar solo para poder coordinar todas mis ideas.

Claro que sin la ayuda de ellos nunca hubiera llegado donde estoy, también necesito y cuento con la ayuda de ellos para escapar de Cuba, sin ellos esta operación no tuviera la menor oportunidad, les agradezco a los combatientes cubanos y sus familias que se han arriesgado tanto para la libertad de Cuba.

Salgo otra vez por la escalera de fuego, subo al carro y me dirijo hacia la Plaza de la Revolución, por allí estoy dando una vuelta, quiero ver la posibilidad que hay allí, miro los edificios, todos los alrededores, el espacio amplio que hay y trato de medir las distancias de un lado a otro, pierdo aproximadamente 50 minutos, mirando, midiendo en mi mente, haciendo cálculos y viendo en qué lugar pudiera infiltrarme.

Me bajo, camino por la zona, mirando todo, cuidadosamente, haciéndome que estoy paseando, pero en realidad estoy haciendo cálculos en la mente, de distancia y de altura, estoy y calculando lo flexible del Plan A. Hacer el atentado en la misma Plaza de la Revolución el día del discurso, comprendo que es difícil, comprendo que las distancias son muy largas, pero hay una posibilidad.

Una fuerza de seguridad precisa se moviliza cuando Fidel se presenta en el 26 de julio en alguna tribuna, haciendo muy difícil una oportunidad de ajusticiar a castro.

La construcción de la plaza y el monumento a José Martí comenzó durante la presidencia de Fulgencio Batista. La plaza y el monumento se concluyeron en 1959 (el año en que Fidel Castro llegó al poder). Primeramente fue llamada Plaza Cívica. Después de la Revolución Cubana en 1959 pasó a llamarse "Plaza de la Revolución."

La plaza es cuadrada, la # 31 más grande en el mundo, muchos mítines políticos tienen lugar en ella y Fidel Castro se ha dirigido a miles de cubanos desde ella en muchas ocasiones, como el 1 de mayo y el 26 de Julio en diferentes años. La plaza está asediada por el monumento a José Martí, La Biblioteca Nacional, ministerios y otros edificios.

Después me subo al carro y salgo para otra parte, el Vedado, hay un edificio que sabemos Fidel visita, visita a una mujer, la amante de Castro y un increíble tesoro, para la CIA. Llego allí y vuelvo a perder como una hora y media, examinando todos los lugares visualmente, desde el carro miro las alturas, calculo espacio, los espacios que hay, me fijo bien en las ventanas, calculo bien todo visualmente, después entro en el edificio que Fidel visita.

Entro haciéndome que estoy buscando una dirección, miro el lobby, me llego hasta el elevador, subo, me apeo en algún piso, camino, subo a otro piso, lo camino, bajo y salgo del edificio.

Camino al edificio del frente, hago lo mismo, me hago que estoy buscando una dirección, miro alrededor, tomo nota mental de los pasos que hay entre el elevador y el lobby, trato de encontrar la salida de fuego, entro y si alguien me pregunta estoy buscando una dirección, salgo del edificio, vuelvo a hacer lo mismo en el edificio de al lado, salgo, hago lo mismo al del lado. El ascensor sería la mejor forma de llegar a este piso del edificio, pero probablemente será supervisado por algún guardia, o el primer lugar de la milicia en llegar e investigar por la entrada principal.

Examiné la puerta de la escalera de escape, y luego abro la puerta y examinó la escalera, probablemente había una cámara montada sobre la puerta de la planta principal, no veo ninguna. No hay cámaras de seguridad en ningún lugar.

La escalera del otro lado de la puerta estaba casi en total oscuridad. Ni un rayo de luz. Encontré el interruptor, lo encendí, apague varias veces. No hay alimentación eléctrica.

La manera más fácil es caminar a la calle a través de la puerta de salida de atrás y caminar alrededor de la esquina, a pie, alejarte rápidamente y llegar a un par de calles más abajo. Este es el Plan B, que fuera suministrado para mí, en aquel sobre de la primera cita, todo me lo aprendí de memoria, todo lo que pude y después lo quemé.

Salí del edificio, caminé por la zona un rato, fijándome en todo lo que veía, todas las caras que me pasaban, las distancias del edificio a la esquina, qué larga es esa esquina, cuántos edificios había, las cercas, miraba todos los edificios, allí perdí varias horas. Siempre haciéndome el turista, haciéndome el bobo, pero siempre fijándome en todo.

Si alguien me perseguía o me miraba, simplemente era un turista buscando una dirección, increíble, pero sólo dos personas preguntaron qué buscaba, o en qué me podían ayudar, les expliqué que estaba buscando unas direcciones, les enseñé unas direcciones falsas que yo llevaba preparadas y muy amistosamente me dijeron cómo llegar a ella.

Todo me lo grabé en la mente lo mejor que pude y claro está, no lo pude escribir, por si me atrapan. Después me retiré al hotel, llegué y esta vez entré por la puerta del frente como había salido por la mañana. Subí a mi cuarto, me senté y me puse a calcular cuál sería mi mejor opción. Plan A en la plaza de la Revolución o Plan B, en el edificio del Vedado, no llegué a ninguna conclusión, me levanté a tomar algo, tenía mucha debilidad, me tomé una sopa de pollo, un sándwich y una cerveza.

Esta vez a diferencia de otras veces me parecía que todo el mundo me miraba, parecía que todo el mundo sabía quién era, sospechaba de todo el mundo. Subí siempre vigilante, me quité la ropa, me di una ducha, después me acosté. Me despierto, vuelvo a pensar otra vez en el Plan A o en el Plan B, estaba todo completo, por supuesto, ya todo lo sabía de memoria, yo había estudiado fotografías, mapas, dibujos de las dos zonas, de la zona A y de la zona B, casi me lo sabía todo de memoria por completo, pero quise verificarlo, quise comprobarlo físicamente, es increíble que toda la información que me suministraron fuera tan precisa.

Sé cuánto tiempo me demoro en subir ese edificio, bajarlo, por el elevador o por la escalera de incendio, cuánto me demoro en cruzar la calle, cuánto me demoro caminando rápidamente al llegar a la esquina, cuánto me demoro en llegar a la otra esquina, cuánto me demoro si tengo que hacerlo despacio.

Las rutas alternas son tres, la una, la dos, y la ruta tres, la ruta uno, es por la calle principal, confundiéndome entre la gente, la ruta dos, doblando a la derecha, la ruta tres, la salida de escape de fuego, brincando el muro, escapándome por los edificios, esa es la más peligrosa, porque cualquier persona que me vea se da cuenta de que me estoy dando a la fuga.

Las otras, mezclándome con las personas son más prácticas, aprovechando el molote. Aprovechando la confusión, yo creo que es la perfecta ruta de escape, yo sé que va a haber guardias por todas partes, en los edificios, en las azoteas, ya yo tengo en cuenta eso en mi mente. Voy por todos los pasos de la operación, los practico en mi mente, una, dos, tres veces, veinte veces, después en mí mente también practico la operación B, una, dos, veinte veces, hasta que ya no puedo pensar más.

Me despierto sobresaltado, miro la hora, son las tres de la mañana, no debí haberme dormido, no debí haberme quedado en el hotel donde tenía las armas, es muy peligroso, debía haber dormido en el otro hotel, esto ha sido un error mío, nunca debió haber pasado, no quiero dejar las armas en la casa de ningún combatiente, por miedo a que estén fichados o que lleguen de sorpresa a registrarlos, se las encuentren y todas sus familias carguen la culpa y sean fusilados mis compatriotas, por eso prefiero tenerlas en el hotel y tener dos cuartos, si me sorprenden, probablemente caiga yo solo, es un error y no se debe repetir.

Mañana iré a dormir en el cuarto del otro hotel, teniendo espacio entre los dos, en eso me dan las 4:00 de la mañana, me cuesta trabajo conciliar el sueño, son las 6:00 de la mañana. El momento de la verdad se acerca, dentro de un día llegará el momento; le pido a Dios para tener fuerzas para realizar el acto en nombre de Cuba y de todos los cubanos, sobre todo, los que han muerto.

Me acerco a la ventana, la abro, el cielo estaba nublado, la ventana estaba a la sombra de la noche por terminarse. En mi mente vuelvo a repasar Plan A una y otra vez. Lo he practicado en mi mente otras diez o quince veces. Después volví a hacer lo mismo con el Plan B. Me sé cada detalle, cada edificio. Sé lo que hay que recorrer, cuánto me demoro. Esta es la parte crucial de la operación, la ruta de escape. Sé que es muy difícil salir con vida. Tengo un 20 % y quiero aprovecharlo.

Tengo todo calculado por hora dónde van los guardias, cuándo suben, cuándo bajan, cuándo pasan, dónde se paran, cuántos hombres hay, cuántas calles antes están parando a las personas, cuántas cuadras antes los carros pueden llegar, en qué calle se pone la milicia. Todo eso me lo sé de memoria. Es una operación difícil.

El triunfo depende de un número de factores. Hora, temporada del año, sitio del atentado, vecindario, recopilación de inteligencia, arma escogida, temperatura, conocimiento local es de importancia máxima. Es una operación que tuve que estudiar mucho. He estudiado la operación entera. Hay manera de lograrlo y yo creo poder hacerlo.

He cambiado de opinión. Es preferible que los patriotas cubanos guarden las armas en algún otro lugar que en el hotel. Aquí es muy peligroso. Si entran y me sorprenden, se termina lo operación y se termina mi vida.

Ellos, como viven aquí, tienen muchos lugares donde esconderlos en su patio, la terraza, en muchos lugares.

Me visto rápidamente, cojo mi maletín y salgo a paso despacio por el lobby principal del hotel. No quiero levantar sospecha. Cuando salgo del elevador y atravieso el lobby, la muchacha que me registró, trigueña, cubana, hermosa me mira y se sonríe. Qué lastima que no estoy de turista. Me subo a mi carro, lo arranco y salgo despacio. Tengo que conectarme con Luis.

Paro en un lugar no determinado de la Habana y hago una llamada. Una voz de hombre contesta. Le digo rápidamente la consigna, su sobrino llegó de Pinar del Río. Me dice.

— ¿En qué puedo ayudarte?

Digo.

— Necesito verte.

Me dice.

—¿Sabes dónde es el Parque Juan Delgado?

Le digo.

— Sí.

— Te espero allí. Me puedes reconocer porque llevo un pulóver rojo y una gorra blanca.

Sin decir más nada colgamos. Así fue de rápido y de corta esa conversación. Tengo que coger la Calzada de 10 de Octubre, es la única forma que yo conozco. Doblo a la derecha en Santa Catalina y en Juan Delgado a la izquierda y me aproximo al parque.

Estoy un poco tarde porque no conozco bien todas estas calles. Han pasado 25 minutos desde la llamada.

Llego al parque, empiezo a dar la vuelta, de pronto veo a lo lejos un hombre parado con un pulóver rojo y una gorra blanca. Me aproximo, bajo la ventanilla, le grito.

— ¡Ey!

El hombre me grita.

— ¡Sobrino!

Se aproxima hacia el carro, abre la puerta, se sube y salimos rápidamente. De momento recuerdo cuántas veces de niño jugué en el Parque Mendoza, pero el momento no es para pensar. Hay que actuar y tengo que dejar los pensamientos de recuerdos de mi niñez.

Le digo.

—Necesito esconder las armas.

Luis dice.

— Debemos llegar en un momento.

— No te preocupes, yo te dirijo.

— Hay una casa atrás del Niágara. Allí nos pueden ayudar. Pasamos por El Niágara, pasamos por Santa Catalina, doblamos en la otra esquina, demoramos cuatro o cinco minutos. No voy a decir qué casa, pero en una de las casas paramos. Rápidamente llegamos a la puerta y tocamos.

La puerta se abre, aparece un hombre como de unos 75 u 80 años, un hombre viejo, de pelo blanco, canoso, con unos espejuelos, claritos. Da la impresión que es un doctor, una persona importante. Dice.

— Entren. Entren rápidamente.

Entramos, cierra la puerta, me tiende la mano y me dice.

— Mucho gusto. No me dice su nombre ni yo se lo digo tampoco. Después le dije.

— Necesitamos esconder estas armas por lo menos por 24 horas.

El hombre dice.

— No hay problema.

Coge el maletín y anda hacia el cuarto. Regresa.

— ¿Quieren tomar café? Nos dice.

Nosotros le decimos.

— No. Estamos ocupados. Estamos muy apurados, gracias.

Volvemos a salir tan rápidamente como entramos. Nos dirigimos al carro y volvimos a salir. Luis me dice.

— No hay problema. Es un hombre de la mayor confianza entre nosotros.

Le digo.

— ¿Cómo puedes devolvérmelas?

Tú me llamas una hora antes, yo te las entrego

Luego me dice.

— Déjame atrás del Parque Mendoza. A la vuelta es el Parque Mendoza.

Cuatro o cinco minutos después Luis se está bajando sin decir nada. Me mira a los ojos, lo miro a los ojos, nos entendemos completamente. Arranco y marcho. Vengo un poco preocupado. Me dirijo al hotel, tengo debilidad, pienso tomarme un café con leche. Hoy hay mucho tráfico en la Habana. Hay camiones, también personas. Me imagino que ha de ser por el discurso que Fidel va a dar.

Me demoro más, estoy desesperado para llegar al hotel. Va a ser un trabajo para parquear. Parqueo y entro. Voy caminando por el vestíbulo y se me acercan dos hombres. Dicen.

— Un momento.

Me enseñan una identificación de seguridad del estado. Me enfrío completamente. El corazón se me para. Los latidos se me quieren salir por el cerebro, pero disimulo, les doy una sonrisa y digo.

— ¿En qué puedo ayudarlos oficiales?

— Deme su identificación.

Enseño el pasaporte y los papeles que tienen identificación de Panamá. El hombre me pregunta.

— ¿Qué haces en Cuba?

Le digo.

— Vengo a conocer lo que ha hecho el comunismo y vengo a ver a las mujeres cubanas.

El hombre me mira, se sonríe. Se aparta de mí con el otro hombre y hablan algo. Regresa hacia mí y me dice.

— ¿De dónde eres?

— Soy de Panamá.

El hombre levanta la vista, me dice.

— No hablas como panameño.

Yo le contesté.

— Es que viví en Venezuela un tiempo.

El hombre mirando los papeles me vuelve a mirar y me dice.

— ¿Cómo son las mujeres venezolanas?

— Muy bonitas.

Les digo.

—¿Eres comunista?

Le digo.

— No.

— Vengo a conocer el socialismo.

Vuelve a mirar los papeles.

Yo le pregunto.

— ¿Pasa algo?

Me dice.

— No, es que la revolución tiene muchos enemigos y tenemos que estar en alerta. Y si te digo que me lleves a tu habitación.

—¿Hay un inconveniente?

La sangre se me congela en las venas. Pienso, Dios mío, a qué tiempo saqué las armas.

— Ninguno.

Le digo.

— Por supuesto que no. No creo que está correcto, pero si quieren los puedo llevar ahora mismo. Doy dos pasos al frente como si fuera a ir. El hombre me dice.

— Espera, muchacho, espera. Todos tus documentos están en orden. Puedes irte.

Hecho a andar hacia el elevador. Miro a la muchacha cubana que me está mirando, me vuelve a sonreír. Trato de sonreírle, pero debo de haberle hecho una mueca en vez de una sonrisa. Me subo en el elevador y aprieto el segundo piso. Cuando la puerta se cierra, me recuesto en el elevador y dejo salir un gran suspiro. Dios mío, en qué peligro estaba. ¿Estarán sospechando?, ¿Estarán espiando?, ¿Sabrán quién soy? ¿Están esperando para cogernos a todos juntos? Entro a mi cuarto y echo un vistazo alrededor. Yo siempre dejo contraseñas que yo solo sé para saber si alguien ha estado.

La primera es un zapato con una punta apuntando hacia la mesa de noche a 3 pies de la mesa de noche. El otro, con la punta hacia la puerta del clóset apuntando con el otro pie. Lo reviso y me doy cuenta que lo han movido. Los zapatos están con la punta para el otro lado. ¿Me habré olvidado de dejar la contraseña? No sé, no puede ser. Lo he hecho así siempre en todas mis operaciones. Voy y abro el clóset.

En el clóset también tengo contraseñas para mí. Dejo dos percheros hacia a un lado, dos percheros hacia el otro, y dos percheros hacia al otro. Miré los percheros uno por uno, efectivamente, el último perchero no está como yo se supone que lo haya dejado. Alguien ha estado aquí. Me siento en la cama, pienso que me han estado revisando el cuarto. Huelo y siento un perfume. Sí, no hay duda que alguien ha estado en este cuarto. Yo no uso perfume, me dan coriza.

Habrá sido la seguridad del estado o habrá sido algún empleado o empleada aprovechando la oportunidad para ver si había algo que robar.

Capítulo 5

Complicaciones en La Habana

En todos los países, en todos los hoteles siempre hay empleados buenos y empleados malos. Muchos ven las cosas y te las devuelven y otros nada más que entran a ver qué pueden robar. Nunca sabré, mejor dicho, no quiero saber nunca si fue la seguridad del estado o fue un empleado, lo único que sé es que estoy muy alterado.

Algo está pasando, algo está mal. Tengo que hacer algo para disimular. Otra ley no escrita, sumamente importante para tu seguridad y la de todos en una conspiración es nunca alardear, nunca presumir, de quien eres o que has hecho. Ni siquiera tu esposa debe saber la verdad. Se me ocurre una idea.

Voy a bajar a invitar a la muchacha cubana a tomar algo. Me levanto. Me enjuago la cara. Trato de peinarme un poco, me miro al espejo, estoy todo demacrado del mal rato que he pasado. Increíble, pero creo que es lo correcto hacer en este momento. Quiero desviar la atención sobre mí. Me arreglo un poco, me trato de componer, y bajo. Me dirijo a la muchacha cubana. Aprovecho que está sola, me le acerco y le digo.

—Hola, ¿Quisieras ir a dar un paseo o una merienda conmigo?

La muchacha mira, se sonríe y me dice.

— Sí, cómo no, pero tienes que esperarme veinte minutos que salgo.

Le digo.

— OK, te espero aquí en el lobby.

Voy y me siento. Miro alrededor. Me estoy fijando en todas las caras y me doy cuenta que frente a la acera del otro lado del hotel está uno de los hombres que me paró. ¿Están vigilando el hotel? —Probablemente a mí. Aparto la vista y sigo esperando. Quince minutos después la muchacha se acerca y me dice.

— Vamos.

Es una muchacha hermosa y preciosa. Su nombre es Rosa. Es de una altura intermedio, sus ojos color chocolate, con los labios rojos como una rosa, las ondas de su pelo castaño encantador, con un aire de confianza despreocupada, nariz proporcionado delgada, sonrisa seductora, su tono de piel bronceado ligero, Impresionante torneada buena figura, seductora , con cintura pequeña y caderas bonitas. Después con el trato descubrí que posee una inteligencia natural. Me levanto, salimos del hotel y vamos caminando.

Siento que la mirada del G-2, de la seguridad del estado está en mi espalda, al menos así lo siento yo, puede ser el nerviosismo, quizás es solo mi idea. Sigo caminando con la muchacha varias cuadras, de vez en cuando miro hacia atrás. Nadie me persigue. Nos sentamos, tomamos un café y conversamos un poco. Trato que la conversación no caiga en política, pero cae en política.

La muchacha me dice que mucha gente en Cuba está desilusionada con la revolución y todo el mundo quisiera irse. Ella misma me confiesa que le gustaría irse del país. Me pide mi dirección y quisiera tener correspondencia conmigo para ver si yo la puedo ayudar a salir del país. Le doy, por supuesto, una dirección falsa y seguimos conversando.

Después que tomamos el café me dice que tiene que regresar al trabajo. Nos levantamos y volvemos. Vamos caminando despacito. Entre las cosas que me dice, me pregunta si la pudiera ayudar a salir del país más adelante. Me pregunta cómo es Panamá. ¿Qué iba a hacer?, tuve que mentirle. Con mucha pena, pero tengo que mentirle. Le digo que es bonito, que las playas son muy bonitas y que las mujeres también son muy bonitas.

Llegamos cerca del hotel y la muchacha me dice que si yo quiero esta noche ella puede estar conmigo, subir a mi habitación, porque ella ya no es una niña. Me sorprende la invitación. Me quedo frío. Dios mío, ¿Qué hacer? esta es una mujer sumamente hermosa.

En cualquier otro momento hubiera dado cualquier cosa por esta oportunidad. No sé qué hacer. ¿Me está engañando ella a mí? ¿Yo la estoy engañando a ella? ¿Todos me están engañando? ¿Yo estoy engañando a todos? Esto es un juego de gatos y perros. Rosa me dice.

— Te veo en tu cuarto a las siete.

Le digo.

— Te espero.

Me da un beso que en Inglés llamamos "pop kiss", un beso de mariposa y entra al hotel, me dice.

— Te veo.

Me quedo parado. No sé qué hacer. No sé qué decir. Pienso que me están tendiendo una trampa. Debe ser una mujer de la seguridad del estado. Por el rabo del ojo miro y veo al hombre que me interrogó frente al hotel. No sé si su trabajo es vigilar el hotel, vigilar a todos los turistas o vigilarme a mí nada más.

Haciéndome el que no me doy cuenta entro al hotel y subo al cuarto. Rápidamente reviso el cuarto haber si hay alguna cámara o algún micrófono. Después me tiro en la butaca con una confusión de pensamientos. ¿Me están engañando? ¿Los estoy yo engañando a ellos? ¿Qué es lo que está pasando? La cosa se está complicando. Diablos!. La mujer es hermosa y bonita. No mezclo mujeres cuando estoy en una operación.

Fue una acción que hice casi sin pensarlo. En un operativo no se involucra uno con mujeres, no tomas socializando, tampoco debes hacer ninguna llamada internacional y siempre que puedas ninguna nacional. Tengo que confundirlos. Si me están vigilando, tengo que confundirlos. Sabía que una vigilancia realmente de primera clase sería imposible de detectar. No debo usarla. Mi vida peligra.Reflexiono.Soy un hombre joven y no está mal que lo diga, no soy mal parecido tampoco. Esa puede ser la causa.

Pero también puede ser que quiere usarme para salir del país. La más peligrosa de todas es que la causa sea que está trabajando para la seguridad del estado.

Tengo todos estos pensamientos y no sé cuál es la respuesta.

Como quiera que sea, no me hubiera gustado mezclarme con ella, ahora sea como sea va a estar junto a mí y me va a prohibir de hacer muchas cosas que tengo que hacer, tengo que deshacerme de ella, sea cual sea la respuesta.

La tentación es grande, a quién no le gustaría pasar un rato o una noche con una mujer joven, trigueña y tan hermosa como Rosa, ¿a quién? Pero yo nunca he mezclado el deber con los gustos, tengo que deshacerme de ella, ¿Pero cómo lo haré? La pregunta es esa, ¿Cómo hacerlo y cuándo?

Por otro lado, me conviene por si me están vigilando que me vean con ella y así quizás confundirlos al demostrarles que no tengo nada que esconder, que soy un turista, tratando de pasar un buen rato y se concentren en otra persona. Reflexionando paso un largo rato, tratando de decidir qué hacer y lo decido.

Me baño, me visto, me preparo y me siento en la ventana mirando el paisaje, descansando, poniendo en orden mis ideas; estoy esperando que llegue Rosa.

Tocan a la puerta, me levanto, son casi las 7:00 p.m. en punto, pienso debe ser Rosa. Abro la puerta, efectivamente, es Rosa. Vestida muy atrevidamente y sexy.

Le digo.

—Pasa.

Cuando cierro la puerta tras de mí, aproxima su cuerpo hacia el mío y nos unimos por un momento en un beso.

Tengo que hacer un esfuerzo completamente, para separarme de ella, la empujo suavemente hacia atrás, la miro de arriba a abajo, "coño", "esta mujer está del carajo". Está muy atractiva sinceramente. Tengo que hacer un esfuerzo porque ya lo he decidido.

Le digo.

—Mira Rosa, tengo un problema, tengo una invitación a comer esta noche.

Ella me contesta.

—¿Puedo ir contigo?, ¿Puedes llevarme?

Le digo.

—No, no puede ser, pero yo te puedo recoger por la madrugada.

Le miento.

—O por la mañana temprano.

La expresión le cambia un poco, se pone seria, camina hacia la ventana y tengo la oportunidad de contemplarle su bello cuerpo. Es una trigueña como son las cubanas cuando son bonitas de verdad.

Se da la media vuelta y me vuelve a mirar, me dice,

—¿Por qué no nos quedamos un par de horas y después haces lo que tienes que hacer?

Tengo que ser sincero y admitir que la tentación era grande y que tuve que hacer un gran esfuerzo para controlarme.
Le digo.

—No puede ser, Rosa, no quiero ser rudo contigo, se me está haciendo tarde y quiero mantener tu amistad, pero en este momento no puede ser.

La muchacha camina lentamente hacia mí, se me aproxima, me pone los dos brazos por el cuello, une su cuerpo al mío y me vuelve a besar, largo y suavemente. Por un momento me dejo ir y nos besamos unos minutos.
La empujo suavemente hacia atrás otra vez y le digo,
—Vamos, te voy a llevar y ya nos volveremos a ver.
Ella comprendiendo que ya estaba convencido de lo que iba a hacer, me dice.

—Tú te lo pierdes y empieza a andar suavemente hacia la puerta. Hecho a andar atrás de ella, cierro la puerta tras de mí, la tomo por el brazo y vamos caminando hacia el elevador. Está bastante enojada, pero la convenzo, mintiéndole, diciéndole.

—No te preocupes, todavía me quedan muchos días por delante, ya tendremos tiempo de estar juntos y de conocernos mejor.

La muchacha, Rosa, viendo que no tiene otra alternativa, se sonríe y parece que se da cuenta que es mejor que lo acepte así y no vaya a perder mi amistad.

Atravesamos el lobby, trato de ver si alguien nos vigila, no veo a nadie, nos dirigimos hacia el carro, le abro la puerta, nos subimos y echamos a andar.

Le pregunto.

—¿Dónde quieres que te deje?

Ella me da una dirección que en realidad ya no recuerdo, pero sí recuerdo que me tomó unos 15 minutos llevarla hasta allí. Regreso al hotel, como algo, subo y me acuesto a descansar la noche.

En el camino a recoger mi maletín, paro en La  Bodeguita del Medio. La Bodeguita del Medio es un popular restaurante-bar de La Habana estilo colonial de la Habana Vieja. Es un destino turístico muy famoso debido a las figuras que lo han frecuentados toda la vida como el escritor Ernest Hemingway y muchos otros. Se asegura que en La Bodeguita es el lugar de nacimiento del cóctel Mojito, preparado en el bar desde su apertura en 1942. Se encuentra en la calle Empedrado No. 206. Ciudad de La Habana, la primera calle en ser pavimentada con piedras en La Habana.

Repleto de objetos curiosos, cuadros, fotografías, así como las paredes cubiertas por las firmas de los clientes famosos y desconocidos, expresan el pasado de la isla. "Mi mojito en La Bodeguita, mi daiquiri en El Floridita" todavía se puede leer en la pared hoy, escrito por Hemingway. Me tomo dos Mojitos (favorito de Hemingway) Havana Club blanco, limón, azúcar, menta, soda. Veo como el turista bebe, come y observan las prostitutas con vestidos ligeros y tacones altos.

Tranquilamente, pensando en la operación, mirando todo al mí alrededor. Por la puerta veo pasar unas cuantas prostitutas muy sexualmente vestidas y provocativas. Tratando de llamar la atención de algún turista que se encuentre en el bar. También hay cubanos alrededor, esperando hacer alguna clase de maniobra para ganarse algunos pesos que tanto necesitan. Pasar la puerta de La Bodeguita, es como pasar un paso al pasado.

Pago, me levanto y salgo caminando hacia una pequeña plaza donde hay un monumento a Francisco Albear. Sigo caminando por la calle Monserrate a tomar el carro. Desde lejos puedo ver la secundaria más antigua de la Habana, llamado Antiguo Instituto de la Habana. Tomo el automóvil y paso frente al Capitolio, es uno de los edificios más impresionante de la Habana.

Su cúpula tiene una altura de 300 pies de alto. En su fachada tiene una impresionante escalera de granito con estatuas representando virtud y trabajo. Abajo de la cúpula hay otra estatua que mide 45 pies de alto simbolizando la República de Cuba. En el se encontraba la Casa de representantes y el Senado. Acelero suavemente y me alejo hacia la casa de mis compañeros.

Estoy sentado frente a mis dos compañeros. Me hacen entrega del maletín negro, lo abro, saco el rifle XM21

que es exacto, pesa poco y es fácil de desmantelar, tiene una raya arriba para la mirilla telescópica, aunque no está construido para una. Arriba se marca, se apunta, se ajusta y lo mismo atrás para poder montarla urgentemente.
Es preciso a 754 yardas (690 metros), y si lo apoyas bien en el hombro y en otro lugar de apoyo, puedes tirar rápidos disparos y cubrir un área en el blanco de 4 pulgadas sin ningún problema. El Rifle Sniper XM21 fue desarrollado a partir del fusil M14, rifles M14 se convirtieron a esta nueva forma, ofrece la misma potencia de impacto de alto calibre del M14, con más precisión a través de algunas adiciones útiles, basadas en el rifle semiautomático M14, el rifle principal del francotirador del ejército de Vietnam en 1969.

    Mirilla telescópica ART de potencia de magnificación variable de 3x a 9x, ajustable entre 300 y 900 metros, montado en un soporte de base con muelle, modificado para usar con el rifle de francotirador M14. El XM21 fue oficialmente clasificado como el M21 en 1975.

    Este rifle lo he probado bajo todas condiciones, nieve, viento, lluvia, para probar su eficacia y su exactitud. También saco una mirilla telescópica Art 3 x 9 que es la recomendada para poder hacer el blanco en esa distancia. También lubricación para las balas.

País de origen: Estados Unidos
Fabricante: Rock Island Arsenal - EE.UU.
Año inicial del servicio: 1969
Peso (vacío): 8,55 libras (3,88 kg)
Calibre: 7.62x51mm Nato

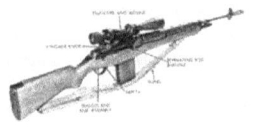

Prefiero los atentados de cerca, pero en este caso es imposible. Hay que apuntar a la cabeza, ya que Fidel siempre usa chaleco a prueba de bala. También saco identificación que me identifica como agente de la seguridad del estado de otra provincia, ya que pienso que en un momento de apuro en un molote, en un corre-corre, quizás pueda pasar más fácilmente.

También saco la ropa que me voy a poner. Es bien clara para no llamar la atención. Para las personas que me hayan visto entrar no recuerden la ropa que llevaba. Llevo también unos pick especiales por si tengo que robar algún carro en mi fuga, un binocular de 10 x 50; cuento el dinero, el dinero habla y siempre todo tiene un precio en caso que tenga que comprar algún favor o alguien que me esconda. Por último, saco los explosivos y el detonador.

Me paro, lo miro todo detenidamente, para estar seguro que no me falte nada, y lo guardo todo con mucho cuidado en la maleta negra. Tengo un gran armamento.

Cosas que pueden terminar la operación y con mí vida, el ego y las mujeres. Son dos cosas que no van juntas. Tengo que tener mucho cuidado. Es lo que separa una operación profesional de un golpe de suerte.

Tomo el maletín, lo cierro, me levanto y los dos compañeros cubanos se levantan, nos miramos a los ojos, sabemos lo difícil y lo serio del momento y echamos a andar hacia afuera. Me acompañan hasta el carro, se aproxima el momento de la verdad, muchas personas están involucradas y muchas personas pueden caer si esta operación falla.

Pongo el maletín en la maleta del carro con mucho cuidado, ya no estoy nervioso. Le doy la mano a los dos compañeros y sin decir palabra me subo, arranco y acelero. El momento de la verdad llega y todo llega a su final. Cuba será libre en unas horas, acabando con Castro se acaba todo. Si matas al perro se muere la rabia.

Estoy dispuesto a entregar mi vida para que la operación se lleve a efecto. La adrenalina me está corriendo por todo el cuerpo, ya no pienso, solamente hay un pensamiento en mi mente. Llevar a cabo y cumplir con mi objetivo. La libertad de Cuba depende de mí, y la vida de muchos compatriotas que me ayudaron. El destino está en las manos de Dios y a el se lo dejo.

Manejo por las calles de La Habana como un sonámbulo, con una sola meta. Manejo con mucho cuidado. Obedeciendo todas las reglas del tráfico, no quiero estar involucrado en un accidente y que me pare una patrulla.

Solo faltan 24 horas para el discurso de Castro, un día histórico.... Castro, el caballo, el líder, el tirano, el fuerte, el terrorista, el criminal, el gigante bandido de la historia de

Cuba estará muerto pronto. El final de una era, al fin.... La Habana está repleta, camiones por todas partes, llenos de personas, ha sido una movilización grandísima, los están trayendo hasta del campo.

Me demoro enormemente, hay un tráfico increíble, gente caminando, gente en bicicleta, gente en camiones. Muchos vienen voluntarios, muchos vienen obligados, otros para quedar bien y otros para no perder el trabajo.

Lentamente voy avanzando por las calles de La Habana.

Pienso, qué confusión habrá después de la caída de Castro. Raúl, ¿Tratará de tomar el poder?, ¿Se lo permitirán?, ¿Qué hará el pueblo?, ¿Será el fin de la Revolución?, ¿Cuba será libre? Son muchas preguntas las que me hago. Sinceramente pienso que con la caída del hombre todo se terminará en Cuba.

El pueblo de Cuba no es comunista, sino los que quedan al lado de él son Fidelistas.

Capítulo 6

El Atentado

Cómo poder triunfar contra un servicio secreto que tiene agentes entre diplomáticos, besa culos, banqueros, limpiabotas, periodistas, y cómo lograr escapar.

Increíble no puedo llegar al lugar del objetivo. No puedo llegar solo, hay mucho tráfico, revisan a las personas de vez en cuando, le preguntan por la identificación, están chequeando los carros, le miran la chapa, es mucha vigilancia, me pueden sorprender. No puede correr peligro la operación. Tengo que regresar a buscar ayuda en mis compañeros combatientes cubanos.

La CIA falló, no tuvo en cuenta la vigilancia tan grande, hay que cambiar el plan, a última hora hay que hacerlo. Yo no solo culpo a la CIA, sino también me culpo a mí por no haber anticipado este problema, debí haber pasado las armas mucho antes. Mi afán, mi empeño, mi testarudez, mi punto en la seguridad para tratar de hacerlo solo. Necesito ayuda. Veinte y cinco minutos después estoy frente a ellos.

Se ponen de pie, se ponen blanco.

Yo les digo.

— Tranquilos, no pasa nada, necesito la ayuda de ustedes, sin la ayuda de ustedes mi operación será un fracaso.

No me preguntan, ni yo les digo, solamente me contestan.

— Vamos, estamos contigo.

Pasamos del portal hacia adentro de la casa, les digo.

— Necesito pasar las armas, voy a acabar con Castro mañana.

Se miran entre sí, no parecen sorprendidos, se vuelven a mirar y no hacen comentarios. Solamente me dicen.

— ¿Cómo podemos ayudarte?

Les digo.

— Sentémonos, hay que hacer un nuevo plan.

Sin vacilar les digo el Plan A y el Plan B con todos los detalles que pude, después casi sin palabras me dicen.

— Cuenta con nosotros.

Me echo hacia atrás y los miro, estos son hombres entre los hombres. Cubanos patriotas que están dispuestos a dar sus vidas para lograr la libertad de Cuba, ellos saben que cuentan con muy poca oportunidad para salvarse. Pero a pesar de todo, están dispuestos a hacerlo.

Empezamos a elaborar un nuevo plan, discutimos, hablamos, hacemos dibujos, la discusión dura bien dos a tres horas. Planeando el plan de ataque, de introducir las armas y el Plan de Fuga.

Concluimos que es mejor hacer el atentado cuando Castro vaya saliendo del edificio de ver a la mujer cuando vaya a pronunciar el discurso, después de descansar. Ajustamientos públicos algunas veces son necesarios. Lo negativo es que inmediatamente atraen una atención masiva.

Algunas personas piensan que ajusticiar a alguien es asesinato frío calculado, no es así, cuantas personas, jóvenes vas a salvar ajusticiando solo a una persona? vas también a salvar a tu país de la destrucción. Es necesario, justo. Toda la historia han habido hombres que se han sacrificado por un ideal. Esto es lo mismo.

Concluimos que los tres vamos a participar en la acción, o sea concluimos que uno de ellos va a introducir las armas, ya que como es de la Habana, conoce todas las calles, sobre todo los dichos y le es más fácil engañar a la seguridad del estado. Yo voy a llevar a cabo el acto, el otro va a ser el que va a estar a cargo de la fuga.

Sabemos que todos los edificios frente a ese edificio van a estar milicianos, van a estar custodiados, todos los balcones y las azoteas.

Pero hay un edificio que está localizado atrás de los edificios que están al frente del edificio donde va él, que precisamente hace esquina entre los dos edificios; o sea, un pedazo del edificio da al pasillo que está entre los dos edificios frente al edifico que él visita.

No solo estudié esta posibilidad en papeles, la estudié físicamente, es la oportunidad perfecta. Me presenta el blanco libremente por unos cuantos minutos. A la salida cuando va a subir a su carro y a mí me presenta en un lugar con un tiempo suficiente para bajar a la acera; o sea, el tiempo que debe llegar el primer miliciano o la seguridad del estado a este edificio. O sea, una distancia prudencial donde pensamos que va a estar la seguridad del estado, o guardias personales.

Yo he calculado en mi estudio que después que se haga el primer disparo debe demorar o llegar el primer agente de seguridad entre unos dos y medio o tres y medio minutos. Yo debo tener un minuto para bajar y uno para alejarme. Si todo sale como un reloj.

Es la única alternativa que tenemos y puede funcionar, al ponerme casi a tres cuadras del atentado, eso me da uno o dos minutos para alejarme o escapar entre el bullicio y la multitud, o la gente. En cinco minutos puedo estar a cinco cuadras, después nos podemos agrupar y alejarnos rápidamente del lugar. No sé si es una acción loca o patriótica. Nos estrechamos las manos en un signo simbólico y yo digo.

— ¡Viva Cuba libre!

Y uno de los combatientes dice.

—¡Viva Cristo Rey!

Es un momento simbólico, emocionante e impresionante. Significa que estamos dispuestos a dar nuestras vidas por la operación y sabemos que es probable que la perdamos. El destino de una nación y de más de 10 millones de personas está en nuestras manos.

Tomo el carro sin decir más palabras y me marcho, me toma más de hora y media en llegar al hotel, por el tráfico, me paran dos veces, me preguntan quién soy, les enseño mis papeles, me revisan la maleta del carro, me dejan pasar. Es una cosa rutinaria, se lo hacen a todo el mundo que se acerca. En verdad me sobresalta poco, porque veo que se lo están haciendo a todos y sólo dura unos minutos.

Fui a dar un paseo por el malecón para tranquilizar mis nervios. A pesar de estar la temperatura cerca de 75°, la noche ante del atentado había cierto frío en el aire, la brisa venía del Este y levantaba olas hasta de seis pies que  chocaban contra el muro del malecón. Era una noche de verano clara, como un paño limpio, el cielo despejado, visibilidad mayor de quince millas. Una buena cantidad de lluvia había barrido el estrecho de la Florida antes acabando con la neblina. El plan era bueno, la temperatura típica del ano, esta operación podía ser un operativo histórico.

Los que estaban sentados en el muro del malecón podían oler y hasta probar el mar. Un paseo que me vino muy bien para relajarme y controlar mi sistema nervioso y poder poner mi mente en orden y llevarla hasta el punto final de la operación.

Habían algunas prostitutas, habían parejitas de novios por todas partes, gente caminando, gente riéndose y hasta me imagino que gente soñando que del otro lado del mar estaba los Estados Unidos.

Alguna que otra prostituta se me acercó a preguntarme si necesitaba sus servicios. Hasta un mulato me ofreció marihuana. Paseo abriéndome paso entre varios cubanos vagando alrededor de las entradas de los hoteles, pobres, aburridos sin nada que hacer y ningún lugar donde ir, llenan las aceras enfrente de cada discoteca para escuchar música, pasan el tiempo conversando, observando el turista, los necesitados y las prostitutas tratando de extraer dólares de ellos.

Las expresiones de la gente estaban afligidas, sin esperanza. El veneno del comunismo había hecho su trabajo aquí, como lo ha hecho en todas las naciones que lo había abrazado. Después de la revolución, el gobierno expropió casi toda la propiedad privada, de las vastas propiedades de los ricos a la tienda de la esquina. Sin esperanza, la pobreza se convirtió casi universal. Años después de la revolución, el salario promedio es de menos de $ 5.00 dólares al mes, las muchachas de todas partes de la isla acuden a La Habana, a prostituirse en las calles.

La Revolución despreció la iglesia, negó a Dios, exigió a generaciones tras generaciones a dar su sangre para cumplir el destino de Castro como salvador de Cuba. Ha destruido la nación, reducido a la indigencia por su ego. La justicia social comunista había ofrecido lo que esta más lejos que nunca, las atracciones turísticas son la ironía suprema.

A los extranjeros se les encubre la situación, económica de Cuba. Los visitantes de otros países ven lo que Cuba quiere que vea, inclusive obras de antes de la revolución, algunos incrédulos creen que son productos de esta. Si un extranjero habla con alguien de la clase obrera, este por miedo no le dice su verdadera opinión.

Me recuesto al muro del malecón, mis ojos se pierden en el infinito en la oscuridad, mi mente viaja y recuerdo que aquí mismo, en este sitio vinimos a tirarnos fotografías unos días antes de salir de Cuba con mi hermana, primos, tíos y algunos amigos. Qué recuerdos más lindos, de pronto me siento incómodo, mis pensamientos son interrumpidos, miro y hay un hombre que me está mirando a lo lejos y pienso ¿Será la seguridad del Estado? ¿Me estará vigilando?

Me separo del muro y empiezo a caminar lentamente hacia el hotel, siempre mirando de vez en cuando hacia atrás, estando segurode que no me persiguen y quiero creer que aquel hombre que me miraba era por pura casualidad.

Entro en el hotel con mucho cuidado y con mucha atención. Miro alrededor mío, subo al cuarto en la que si Dios quiere será mi última noche en Cuba.

Me quito los zapatos, los tiro, me quito el pantalón, lo tiro, me quito la camisa y también la tiro. Me pongo un pulóver y me tiro en la cama.Estoy muerto de cansancio y de tensión. No quiero pensar más, estoy extenuado.

Quiero dormir y descansar porque necesito mis fuerzas para mañana, mañana empezaré el día temprano y será un día que pasará a la historia. No hay nada más que pensar, que plancar, ni más nada que decir. Solamente pedirle a Dios que me acompañe y salgamos con vida de este operativo. Se me cierran los ojos y me duermo.

Rápidamente miro mi reloj, son las 7:00 AM, de un brinco me dirijo a la ventana y la abro. Respiro el aire puro de la mañana, miro y ya hay personas caminando por todas partes. La Habana está empezando a vivir. Me doy un baño tibio rápido, me miro en el espejo, me cepillo los dientes, me peino, me visto y me miro largamente en el espejo. Quién sabe, quizás sea esta la última vez que lo puedo hacer.

Me visto con la ropa casual que he traído, no quiero hoy parecer un turista, quiero pasar inadvertido. Es un pantalón kaki y una camisa blanca, me pongo mis tenis y 10 minutos después echo a andar.

El vestíbulo está repleto de personas entrando y saliendo, algún periodista extranjero, muchas delegaciones. Me dirijo al restaurante y como un desayuno ligero, bastante rápido. Debes cuidar lo que comes, el agua que tomas, no puedes darte el lujo de enfermarte. También paciencia en todos los lugares, nunca protestar por nada ni mal servicio, no debes llamarte innecesaria atención hacia tu persona.

Ropa adecuada al lugar y circunstancias. Estar completamente seguro de no dejar nada personal bajo ninguna circunstancias en ningún lugar.

El restaurante está repleto y todo el tiempo estoy fijándome en las personas para ver si alguien se fija en mí. Aparentemente nadie tiene tiempo o nadie se fija en mí y salgo rápidamente.

Voy a dar un paseo caminando, vuelvo a coger rumbo del malecón, está repleto de personas que van y vienen, algunas prostitutas, muchos campesinos, muchos son de La Habana, está repleto. Voy caminando lentamente, necesito coordinar mis ideas y una vez más ver en mi mente el atentado Plan B. Ya sé todo de memoria, pero mientras camino lo repaso mentalmente.

Me doy cuenta que tengo que ir temprano al lugar del atentado, porque me voy a demorar un largo rato en poder llegar allí. También me doy cuenta que hay muchos militares, muchos milicianos y muchas personas que a pesar de tener ropa de civiles son del G2

Pasan muchos camiones repletos de personas como dije anteriormente, muchos vienen obligados, o por presión en el lugar de trabajo, y otros muchos vienen por miedo a que se les acuse de gusanos o de contra—revolucionarios.

Una vez más tengo la oportunidad de fijarme lo hermosas que son las mujeres cubanas, son muy bonitas, para mí una vez más me convenzo de que son una de las mujeres más bonitas y hermosas del mundo.

Camino unas cuantas cuadras y me recuesto al muro, el día está bonito y hay fresco en la mañana.

Un muchacho negro, un poquito más joven que yo, está pescando en el muro del malecón, como a 30 pasos de mí. Le pregunto.

—¿Qué haces pescando, no vas a ir al discurso de Fidel?

El tipo me mira, pone cara de asco y me dice.

— ¿Para qué? Compadre, si son todos iguales, con la

misma se echa a reír, demostrándome unos dientes bien blancos y perfectos. Yo también me río, sigo caminando, pero alcanzo a oír que él me dice.

— ¿Y tú vas a ir a la mierda esa?

Yo miro atrás y le digo.

— Claro que sí.

Sigo caminando, me río para mí y pienso, si este muchacho supiera lo que yo estoy a punto de hacer. Por lo menos no tendrá que escuchar más mierda de Fidel.

El día está precioso, pero a pesar de haber tantas personas les noto una tristeza muy grande en sus rostros. Caminan como sonámbulos, la ropa es vieja, pobre, lucen todos unos muertos de hambre.

De vez en cuando pasa un grupo de tres o cuatro personas que van caminando y van riéndose, pero en general tienen cara de amargados o de conformidad, me fijo que la mayoría de las personas llevan una cerveza en la mano. Aparentemente creo que el Gobierno les da cerveza para alegrarlos o para que esto parezca una fiesta.

Camino un poco más y me siento arriba del muro del malecón donde más o menos hace muchos años cuando salí de Cuba unos días antes fui a retratarme con mis primos, tíos y hermana. Estoy un rato sentado allí, contemplando el mar y como las personas suben y bajan por el malecón, las oigo conversar. Hay muchas otras personas sentadas cerca de mí, pero me llama la atención otra vez que hay muchos militares, muchos camiones repletos de personas.

Después de un largo rato, hecho a andar hacia el hotel lentamente. Tengo que prepararme porque quiero llegar temprano al lugar donde voy a llevar a cabo el atentado. Quiero poder llegar, mirar todo a mi alrededor y convencerme que la operación puede llevarse a cabo.

En realidad camino lentamente hacia el hotel, más lentamente de lo que quisiera. Me pregunto ¿Qué me espera? ¿Lograré hacerlo? ¿Qué pasará en Cuba? ¿Podré escapar? Y mis compatriotas, ¿Podrán escapar? ¿Podrán salvarse? Muchas preguntas me invaden. Pero no dudo, la operación se llevará a cabo.

En realidad temo más por mis compañeros, por los que me han ayudado, por lo que se han arriesgado tanto ellos, que por mí mismo. Cuando tomé esta decisión de llevar esta operación a cabo, sabía lo que hacía, estaba decidido y hoy estoy decidido más que nunca.

De pronto dentro del grupo de la gente dos hombres dan dos pasos de frente a mí y me dicen.

—Deténgase compañero, déjame ver tu carnet de trabajo.

Siento como si me hubieran dado con un martillo en el pecho, aguanto la respiración, de pronto hay un escándalo, una gritería, miro hacia los lados y veo dos hombres dándose piñazos. Los dos hombres que me habían detenido con ropa de civil me dicen.

— Olvídate compañero.

Uno se vira y le dice al otro.

—Vamos a ver qué jodedera les pasa a estos tipos ahora.

Sin pensarlo salgo caminando rápidamente, me mezclo en la multitud aprovechando el momento y me marcho lo más rápido posible, todo pasó en cuestión de minutos, no tuve tiempo ni de reaccionar. Salí a pasos agigantados por el malecón con el corazón queriéndoseme salir del pecho, estoy frío como el hielo.

No sé por qué me pararon, no quise saberlo y nunca lo supe. El caso es que aproveché la oportunidad y me fui lo más rápido posible.

Unos minutos después poco a poco fui recuperando mi compostura, y pensé que no me habían descubierto, si no, no me hubieran dejado ir. Es que simplemente están vigilando a todas las personas.

Ya más tranquilo, más relajado, seguí caminando, despacio, pensando, mirando todo lo que me rodeaba, hacia el hotel.

Entro en el hotel, camino rápidamente hacia mi habitación, entro y reviso con mis contraseñas que nadie haya estado allí y efectivamente nadie ha estado allí.

Me quito la ropa, quiero darme un baño, me he sudado mucho en la caminata por el malecón. Me doy un baño largo y frío, me visto tranquilamente y voy hasta la ventana, me asomo en ella, y por largo rato, uno, cinco, diez minutos, no sé cuánto tiempo, estuve contemplando la vista.

Me tiro en la cama y mil pensamiento me invaden, mi

niñez, mis padres, mi viaje al exilio, mi regreso a Cuba, lo que estoy a punto de hacer, las dudas. ¿Si saldré con vida? ¿Qué les pasará a mis compañeros? Mil pensamientos invaden mi cerebro.

Nadie en realidad sabe lo que pasa por una persona que está a punto de hacer algo como lo que yo estoy a punto de hacer, no es nada fácil.

Se me cierran los ojos y me duermo por 10 o 15 minutos, me despierto sobresaltado, miro mi reloj, es hora, me visto rápidamente y bajo al vestíbulo del hotel.

El lobby está repleto como ésta mañana, me dirijo a la cafetería—restaurante, me como un arroz con pollo y dos cervezas cubanas, para tranquilizar mis nervios.

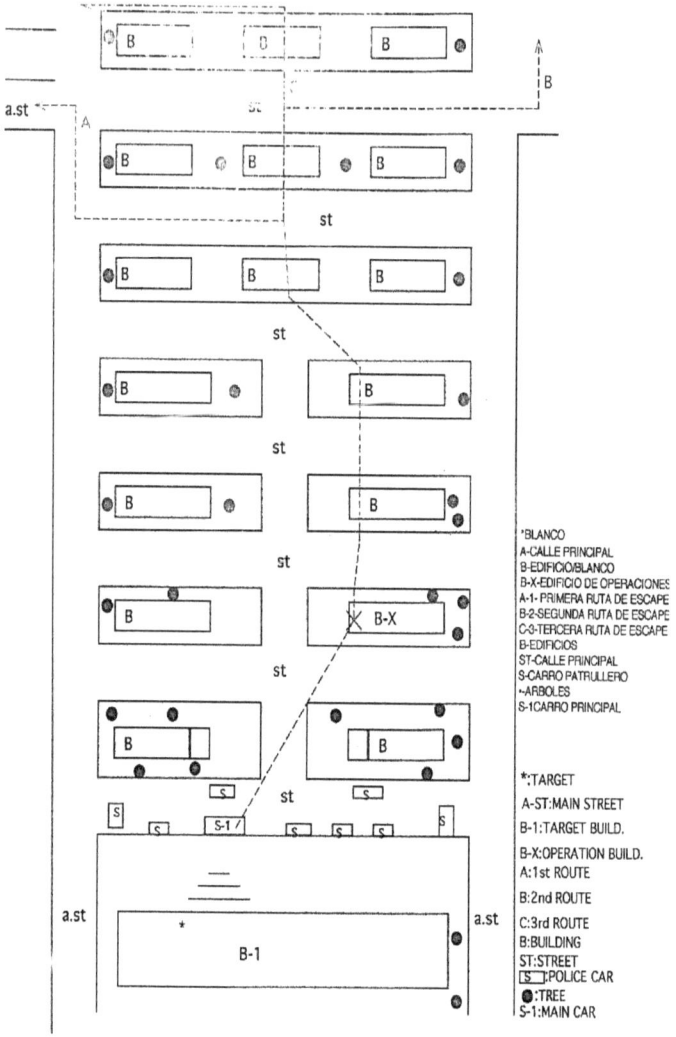

Plan de ataque y fuga

Con la misma salgo hacia el parqueo, cojo el carro y poco a poco entre la multitud de personas y los camiones voy saliendo hacia el lugar del plan. Poco a poco voy avanzando y me voy alejando de todos estos lugares que están tan repletos.

Los tranques son inmensos, parece que no avanzo nada, es increíble, pero poco a poco me alejo del hotel y me voy acercando al lugar de mi destino.

Voy por la calle 11 y al fin llego a la esquina 6, doblo derecha y tal como había planeado, encuentro lugar para parquear y parqueo, no sin antes costarme algún trabajo para hacerlo.

Por supuesto cuatro cuadras alrededor de donde está el hombre está todo cerrado, no se permite pasar carros, ni se permite pasar personas. Por aquí todavía hay muchas personas caminando.

Hecho a andar lentamente hacia el lugar del plan, siempre mirando alrededor a ver si alguien me está persiguiendo o me está mirando. Camino lentamente por la calle, en esta calle yo diría que hay unas treinta personas caminando, sigo caminando y al llegar a la esquina me encuentro a Luis.

Miro mi reloj y eran las 4:30 p.m., nos juntamos puntualmente. Seguimos caminando, no hablamos casi, solo cambiamos unas palabras.

Él me dice.

— Es hora.

Yo le digo.

— Vamos.

Echamos a andar uno al lado del otro en silencio, sin hacer ningún comentario, sabiendo que el destino de Cuba estaba en nuestras manos, también el de nuestras vidas.

Caminamos media cuadra en silencio, cuando me dice de pronto.

— ¡Oye! Te imaginas que suspendan el discurso porque Fidel está enfermo, qué jodedera. ¿Eh?

Yo lo miro y nos reímos los dos, la verdad que nos hacía falta ese chiste, nos hacía falta reírnos para disminuir la tensión.

Cuando nos estamos acercando al edificio, me dice.

— Tengo mi radio en el bolsillo, no dejes de encender el tuyo. Llegamos a la esquina donde tenemos que separarnos, nos miramos, nos damos un apretón de manos y un abrazo, en unos días nos hemos cogido tanto cariño como si fuéramos hermanos. El abrazo dura uno o dos minutos, nos miramos otra vez a los ojos, nos decimos, buena suerte. Nos alejamos, cada cual a su puesto de combate, fue un momento muy emotivo, sabiendo que quizás más nunca nos volveríamos a ver.

Qué momento, nunca lo olvidaré, es como separarte de tu madre o algo así. Cuando estás en el frente de batalla es fácil sentirte así hacia tus compañeros, claro está, solo tienes dos o tres amigos en el combate.

Rápidamente me dirijo hacia el edificio y él sigue hacia su puesto. Los dos éramos clave en esta acción, su puesto de vigilancia desde la esquina del edificio, para tratar de salvar mi vida, tratar de salvar la operación, en caso de que fueran a prenderme. Si tenía tiempo, el no solo iba a salvar mi vida, sino también salvar la operación, tenía que estar muy atento a todo lo que pasaba alrededor, sin levantar ninguna sospecha, si acaso había alguna sospecha que la conspiración pudiera fracasar, él tenía que suspender la maniobra; o sea, avisarme que había que discontinuar la maniobra.

Yo iba a pasos agigantados y entro por la puerta de escape o por la puerta de salida de atrás del edificio, como lo había hecho la vez que estuve allí.

Subo la escalera rápidamente, brincando los escalones de dos en dos. Llego al segundo piso y hecho a andar hacia la habitación. Todo estaba completamente desierto, camino a pasos agigantados con llave en manos, que me habían entregado anteriormente. Llego al cuarto # 19 e introduzco la llave y entro rápidamente.

Cierro la puerta tras de mí, me quedo parado un instante contemplando todo el cuarto, como si fuera una fiera enjaulada, con todos mis músculos en tensión, como un león a punto de atacar, como un cazador, el olfato, la vista, con todos mis sentidos completamente en alerta, mirando alrededor, fijándome si hay algo extraño.

Mis ojos se detienen en cada uno de los objetos, cuadros, ventanas, mesa, archivos de la pequeña oficina del gobierno. Hay un buró, dos gabinetes de archivo, dos cuadros, uno es el mapa de Cuba, el otro una foto del comandante Ernesto "Che" Guevara, y un clóset a mano derecha, una ventana con dos macetas, de la cual debo llevar a cabo la operación.

Observo todo visualmente por un largo tiempo, para ver si todo está en orden, aparentemente lo está. Doy dos pasos hasta la ventana, me arrodillo en ella, y con mucho cuidado miro, efectivamente, la vista es tan perfecta como lo planeado.

Da a un patiecito, más allá está la cerca, más allá un pasillo que divide los dos edificios, es un pasillo largo que da a la calle donde llegará el "hombre," ya se encuentra el carro de él con muchos guardias/militares, la vista está perfecta, como lo planeado.

Me retiro de la ventana con mucho cuidado, voy hacia el closet, lo abro, hay un saco como de correo, lo muevo y encuentro mi maletín negro.

Lo saco, lo abro y lo pongo todo encima del buró, lo primero que encuentro es el transmisor-receptor (el radio) y lo prendo. Miro hacia la puerta y me da la tentación de poner una silla contra la puerta, pero es en balde, no lo hago, si viene la seguridad del estado o alguien, me sorprende, no puedo escapar, no hay otra salida.

Empiezo a trabajar, llegó el momento de la verdad, ya no temo nada. Con una tranquilidad increíble, esa tranquilidad que te da el haber tenido muchas experiencias en otras operaciones también peligrosas, muchas horas de entrenamiento y con el aliciente que Cuba será libre, lentamente me pongo a armar los explosivos.

Lo preparo y conecto el (timer), el reloj de tiempo, quiero después de la operación explotar esta habitación para que les cueste trabajo encontrar o descubrir cómo fue.

    Preparo la bomba de tiempo para cinco minutos, después tomo el rifle, lo lubrico cautelosamente, cuidadosamente, hago lo mismo con las balas, tomo la mirilla telescópica, la coloco en el rifle, donde marca su posición, hago lo mismo con el peine. Atiendo el arma con mucho cuidado, soy un hombre con una misión inmensa que hacer.

    Todo lo hago lentamente, cautelosamente, tomándome mi tiempo, como cualquier persona diría, disfrutándolo, pero en realidad no lo estoy disfrutando, lo que quiero que la operación sea un éxito.

    Ajusto la mirilla telescópica, estoy decidido, termino con la bomba de tiempo, con el rifle, no me toma mucho tiempo. Gracias a la experiencia de muchas operaciones y muchas horas de entrenamiento, reviso de nuevo la bomba, con mucho cuidado, con mucha atención, cautelosamente, todo está en orden. Vuelvo a verificar el rifle, lo rastrillo, está perfecto.

    Me llego con el rifle a la ventana, lo recuesto bajo el marco de la ventana y vuelvo a echar una mirada hacia afuera. Todo está en orden, la seguridad está tranquila, no veo nada que me alerte ni nada de qué preocuparme. Vuelvo de rodillas al buró, me levanto, me siento en la silla, pongo los pies sobre el buró, compruebo que el (walkie talkie) radio está encendido, solamente ese radio va a sonar en un caso de emergencia, si sonara, si una voz saliera por ese radio, quiere decir que la operación está terminada y también mi vida.

El que nunca haya estado en una situación similar, no puede saber lo que uno siente o lo que uno piensa en un momento así.

Vuelvo a ir de rodillas hacia la ventana, con mucho cuidado la abro unas pulgadas, para poder introducir el cañón, tomo las dos macetas, las aproximo una con otra y la apertura de la ventana por el medio, para que las dos macetas Camuflasen el cañón. Lo preparo y vuelvo otra vez de rodillas hacia el buró.

Espero un largo rato, no pienso en nada básicamente, ya no pienso. Miro mi reloj varias veces, es hora, me digo, me arrodillo, voy hacia la ventana. Miro y la situación ha cambiado, la seguridad se está moviendo por distintos lugares, la milicia se mueve, eso me indica que efectivamente mi información es correcta y que el hombre está a punto de salir.

Levanto mi pequeño binocular y me pongo a observar, la seguridad se pone toda en posición, uno de ellos echa a andar hacia el pasillo, me sobresalto, se acerca y se acerca por entre los dos edificios, llega hasta la mitad del camino, levanta su binocular y empieza a observar todo el edificio donde me encuentro yo.

Yo también lo observo a él por mi binocular, hay un momento en que parece que nos estamos mirando uno al otro, mi sangre se me pone fría, el corazón me palpita en el cerebro, por un momento creo, estoy seguro que el hombre me ha visto, no lo sé, aparentemente nos miramos, uno, dos, varios minutos; el no se mueve, yo no me muevo. Estoy seguro de que me está mirando a los ojos.

De pronto baja los binoculares, da media vuelta y echa a andar hacia atrás. Tengo todos los sentidos, todos los músculos en tensión, ¿Me habrán sorprendido? ¿Me doy a la fuga? Espérate, me digo yo mismo, espérate a ver qué pasa, espero unos minutos que parecen un siglo, veo que habla con unos milicianos, con personas de la guardia personal, todos cambian de posición, se mueven, caminan, van a otros lugares, aparentemente el hombre no me vio, o quién sabe, se hizo el que no me vio.

De vez en cuando, mira hacia el pasillo, hacia el edificio donde me encuentro yo. Pero no creo que me ha visto, a veces pienso que sí y me ha dejado.

¿Quién sabe por qué? Hasta puede que trabaje para la CIA, no sé, pero el caso es que está dirigiendo a los guardias, a la seguridad y hasta algunos con ropa de civil. Hay gran movimiento, pero parece que nada tiene que ver conmigo.

Respiro profundamente y descanso todos los músculos, parece que dura un siglo este momento, arrodillado y lentamente regreso hacia el buró.

Me siento y mis ojos se detienen en la foto del "Che" Guevara, parece que con su sonrisa burlona se está burlando de mí, como diciendo "te estoy viendo lo que estás haciendo" o "te vamos a joder, cabrón." El caso es que me levanto, quito la foto y la pongo boca abajo. Vuelvo a mirar el reloj, son las 6:30 p.m., vuelvo hacia la ventana, levanto el arma, saco el cañón por la apertura de la ventana, lo apoyo en el eje de la ventana, me preparo, miro por la mirilla, me afirmo el rifle al hombro, me pongo en guardia, atento, y espero, espero el momento. Según la información que tengo, debe faltar unos minutos para que Fidel baje.

El hombre que había caminado por el pasillo, aparentemente es uno de los jefes de la guardia, se vira desde la acera, mira por los binoculares y se pone a observar todos los edificios en los alrededores, una vez más, enfoca los binoculares hacia mí. Aparentemente enfoca mi edificio y mi ventana, dirijo la mirilla hacia su pecho, le apunto al corazón, el medio del pecho. Pienso, si este hombre me descubre, si mi vida depende de él, también él pierde su vida. Le apunto el pecho, el medio del pecho por más de un minuto, según parece él está observando mi edificio y por un momento otra vez, aparentemente, me está mirando, parece que nos estamos mirando a los ojos, no le quito la mirilla del medio del pecho, si hace un movimiento extraño me llevo su vida.

De pronto el hombre se vira, baja los binoculares y hay un gran movimiento en la acera.

Aparece Fidel, levanto más la mirilla, la pongo en su cabeza, por instinto pongo el dedo en el gatillo y empiezo poco a poco a poner presión en él, de pronto tocan a la puerta, ban, ban, ban (muy duro).

— ¡Abre, coño, abre, coño!

Me sobresalto, ¿quién será? Pero no voy a dejar de perder el tiro. Sigo mirándolo, buscando el momento oportuno para tirarle, siguen dándole golpes a la puerta, ban, ban, ban.

—¡Coño, abre, coño, abre!

Ban, Ban, Ban, se abre la puerta, por el rabo del ojo veo que entra Luís, me grita.

— ¡Coño, no tires, no tires!

Le grito.

— ¿Por qué carajo no voy a tirar?

Sin quitar la mirilla de la cabeza de Fidel que está hablando y hablando, o peleando, parece que está muy disgustado, moviendo los brazos. Miro por el rabo del ojo a Luis.

Le grito.

— ¿Qué pasa?

Me dice.

—¡La operación está cancelada! me grita, la operación está cancelada, no tires!

Empiezo a sudar, sin dejar de quitar el blanco de la mirilla.

— ¡No voy a dejar pasar esta oportunidad por Cuba, le voy a tirar! Le grito.

— ¡Muévete a un lado, cabrón, le voy a tirar!

Le grito.

Me grita.

— ¡Que no, no, tú eres un soldado y hay órdenes de no tirar, hay órdenes de cancelar la operación!

— ¡Mierda, voy a tirarle!

Le grito, mientras tanto Fidel se mueve hacia el otro lado de la acera dándome un blanco perfecto. Ahora está en el medio de la calle y como es tan alto, tengo un blanco perfecto.

Le digo.

— ¡Lo tumbo, carajo, lo tumbo!

El me dice.

— Si no lo haces por ti, hazlo por los demás combatientes, la operación está terminada, la compañía ha dado orden de cancelar la operación, quito los ojos de Castro, los pongo en mi amigo, sin mover el rifle de posición, le grito.

— ¿Qué carajo estás pensando? ¡Es el momento!

El me contesta.

— Somos combatientes y la orden es de no tirar.

Vuelvo a poner los ojos en la mirilla sobre Castro, ahora está de espaldas todavía gestionando, hablando, como muy disgustado. Lo tengo en la mirilla y vuelvo a poner el dedo en el gatillo a punto de tirarle.

Luis me dice.

— Si aprietas el gatillo estás matando a muchas familias cubanas.

Paro en seco, estoy sudando, lo miro por el rabo del ojo sin nunca bajar el rifle, tengo un encabronamiento, me dan deseos de apuntarle a él con el rifle.

Me grita.

— ¡Tú eres un combatiente, un soldado, tienes órdenes de cancelar la operación!

Le grito.

— ¡No quiero, coño, no quiero, es el momento, lo tumbo, carajo!

Él me dice.

— Haz lo que quieras.

Bajo el rifle, lo pongo en el suelo, me siento en el suelo, me pongo las dos manos en la frente, estoy empapado en sudor, estoy temblando, él hace lo mismo.

Le pregunto.

— ¿Quién canceló la orden, coño?

Me contesta.

— La compañía, la compañía.

Ya sabemos que la compañía es la CIA.

—Mi radio no funcionó, tuve que venir corriendo, después que recibí la orden, no me pude comunicar contigo, casi no llego a tiempo.

Le contesto.

— Coño, ojalá no hubieras llegado a tiempo.

Me dice.

— Vámonos, no pierdas tiempo, hay que salvar nuestras vidas.

Nos levantamos y caminamos hacia la puerta.

Le digo.

— Espérate, la bomba.

Tomo la bomba de tiempo y la enciendo para cinco minutos.

Salimos rápidamente, cerramos la puerta y caminamos, no, volamos hacia el primer piso, salimos del edificio a pasos agigantados, rápidamente, tal como lo había planeado, no corriendo, pero apresuradamente, cruzamos la calle, entramos por el otro edificio y avanzamos por el medio del hall (pasillo).

De pronto salen al hall (pasillo) unas familias cubanas y yo les grito.

— ¡A un lado, seguridad del estado, a un lado, a un lado!

Se mueven y les pasamos por el lado rápidamente.

Salimos por la puerta trasera del edificio, pasamos por el patio, cruzando la calle, ya en la calle empezamos a caminar muy rápidamente hacia la izquierda, miro mi reloj, han pasado cuatro minutos. Tal como lo planeé, seguimos avanzando rápidamente, no corriendo, le digo a Luis.

— Un poco más despacio, más despacio, vamos a parecer sospechosos.

En la habitación dejé todas las identificaciones falsas que tenía, los papeles, cualquier cosa que me pudiera asociar con esta operación, solamente llevé conmigo mis papeles cubanos, que me identifican con dirección en Guanabo, y el dinero.

Capítulo 7

La Fuga

Seguimos caminando, ya un poco más lentamente, no nos hablamos, es un silencio que pesa, un silencio total, seguimos caminando por la calle donde caminan varias personas que van o vienen, seguimos avanzando lo más rápido posible, sin llamar o levantar sospecha.

Pasamos por un montón de basura y le digo a Luis.

— Aquí, aquí.

Saco el radio, saco las llaves de la habitación y las tiro bajo unas cajas, él hace lo mismo, pero no sin mirar antes alrededor, de pronto, "ban", la explosión, la fuerte explosión, empieza la gente a correr, empiezan las perseguidoras a sonar, veo carros pasar a toda velocidad por la esquina hacia donde nos acercamos, tremendo corre---corre que se forma, seguimos caminando.

Suenan perseguidoras a lo lejos, miro mi reloj, cinco minutos y medio, todo va en marcha como lo planeado.

Nos encontramos a unas cuatro cuadras del lugar, perfecto. Pasa un camión y se me ocurre una idea. Les grito.

— ¿Para dónde van?

El camión decelera un poco su marcha y alguien nos grita.

— ¡Para 10 de Octubre!

Salimos corriendo y empezamos a engancharnos al camión, mi compañero sube rápidamente, parece que por la práctica, a mí me cuesta más trabajo, unos segundos más, Luis me coge por un hombro y con un poco de trabajo llego a encaramarme.

Ya adentro, miro hacia atrás y veo que están cerrando las calles por las que pasamos, la milicia está levantando unas barricadas, no van a dejar pasar a nadie aparentemente sin identificarlos, nos salvamos por un par de minutos. Sigo mirando alrededor y veo que en todas las esquinas se están parando un grupo de militares, aparentemente van a cerrar todas las calles, en realidad yo estaba muy intranquilo, me sentí atado, completamente a merced de fuerzas más allá de mi control. Nosotros nos hemos salvado por un milagro, me siento dentro de la plataforma del camión y también lo hace mi compañero.

Los demás cubanos están hablando en alta voz, gritando, discutiendo, del discurso, de Fidel Castro, de los americanos, de la explosión, no saben lo que pasa, etc., etc.

Me aproximo a mi compañero Luis, y le pregunto al oído.

— ¿Quién canceló la operación y por qué?

El me contesta.

— No sé quién, ni por qué, solo sé que la contraseña llegó, dejen libre al totí y denle comida rápido.

Yo estudié esa contraseña muchas veces, dejen libre

al toti, el toti es Fidel, quiere decir dejarlo libre, dejarlo tranquilo, que no hagamos la operación, y darle comida rápido, quiere decir que nuestras vidas peligran y que salgamos urgentemente de allí.

Me pregunto. ¿Será un chivatazo? ¿Estaremos en peligro realmente? ¿Nos estarán buscando? ¿Por qué habrán cancelado la operación? O fue que hubo una infiltración y nuestras vidas peligran. O será que la CIA se echó para atrás como muchas veces lo ha hecho.

El camión sigue avanzando lentamente, la calle está llena de baches, el camión lleva el discurso de Fidel puesto, en muchas esquinas que paramos se oye a Fidel, muchas personas caminan por las calles de un lado para otro, la gente, voluntariamente o involuntariamente lo están oyendo. Algunas personas se suben y otras se bajan.

De pronto Luis grita.

— ¡Espérate, aquí, aquí! El camión decelera un poco, brincamos y salimos caminando. Luis me dice.

— Vámonos por aquí, que si caminamos unas cuadras llegaremos a mi casa. Empezamos a andar. Ya por aquí hay muy pocas personas caminando, una que otra, casi nadie.

Le digo a Luis.

— Lo hubiéramos podido hacer y estoy seguro de que hubiéramos podido escapar.

Él me dice.

— Probablemente, pero llegó la orden de cancelar.

Le contesto.

— Sí, pero estoy seguro de que lo hubiéramos podido llevar a cabo y estoy seguro que probablemente hubiéramos podido escapar.

— Quizás.

Me responde Luis.

— Quizás le hubiera costado muchas vidas a muchas familias aquí cubanas contrarevolucionarias.

Me agrega. Yo me quedo callado unos segundos, y le digo.

—Tienes razón.

Efectivamente, estoy reconociendo dónde estoy, me doy cuenta de que nos estamos acercando a su casa, esta es una de las cosas que puede salvar la vida a una persona, el aprender a reconocer los lugares y las personas que lo rodean a uno bien rápido. Avanzamos más hacia su casa.

Como a una cuadra de su casa, veo un camioncito que dice INRA (Instituto Nacional de Reforma Agraria) en la puerta, y le digo a Luis.

— Espérate, yo me voy.

Luis se vira y me pregunta con los ojos, o con la cabeza sin hablar, como diciendo, ¿Qué vas a hacer? Sin hablarle le señalo el camioncito de INRA, el se da cuenta, enseguida nos abrazamos, en un abrazo que debió haber durado dos o tres minutos, como quien abraza a su hermano que más nunca va a ver. Saco del bolsillo el paquete de dinero, lo abro en dos partes, me introduzco una mitad en mi bolsillo y la otra se la doy.

Me dice.

— ¿Qué es esto?

Le contesto.

— Quizás lo vas a necesitar, cállate.

Se calla, se guarda el dinero en el bolsillo, comprendiendo lo que le digo, nos damos un apretón de manos, nos miramos a los ojos por unos segundos, él echa a andar y yo hacia el camioncito.

No hay nada que decirnos, solamente lo sentimos. Me aproximo al camioncito, la puerta no tiene seguro (pestillo), la abro, me arrodillo abajo del timón y en cuestión de menos de un minuto ya le he hecho un jump (puente) al carro, lo arranco, miro en la gavetica, hay unos papeles que identifican a otra persona, cojo esa identificación con todos esos papeles, me agacho bajo el camión y lo pongo en la calle o carretera, me vuelvo a subir y echo a andar.

Miro al reloj de la gasolina y tiene medio tanque. Todo esto me debe haber demorado no más de un minuto y medio. Paso por el lado de Luis precisamente cuando está entrando en su edificio, no nos miramos, pero sé que me ha visto. En la otra esquina doblo derecha.

— Buena suerte patriota, que Dios te acompañe siempre. Dije para mí en voz alta, acelero, trato de ubicarme, doy unos cuantos tropiezos, de aquí para allá y bastante pronto encuentro mi camino para irme hacia Guanabo.

La carretera está bastante desolada ahora, no pasa nadie, ni para un lado ni del otro, la carretera está bastante oscura, prendo el radio, nada más hay dos estaciones y en las dos todavía está hablando Fidel Castro, lo apago, quién quiere oír la mierda esa.

Me encuentro más tranquilo, aparentemente la fuga me fue más fácil de lo que pensaba, claro que no se llevó a cabo la operación. Hubiera sido muy diferente si la hubiéramos llevado a cabo, no sé cuál hubiera sido mi suerte en este momento, pero sí sé que este momento probablemente Cuba estuviera en el camino hacia la libertad.

Me entra una gran tristeza de saber que tuve la oportunidad de liberar a Cuba en mis manos y no pude llevarlo a cabo. Pienso y dudo, quizás la debí llevar a cabo, no importa las órdenes que fueran. Pienso un poco en las palabras de mi amigo, al decir que hemos salvado muchas vidas de familias cubanas. Eso me da un poco de aliento o yo mismo quiero darme aliento pensando en eso para no pensar en el fracaso de la operación. Esta traición del atentado no solo fue un gran error táctico, si no político de proporciones incalculables.

Miro el reloj del tanque de gasolina, la aguja funciona gracias a Dios y me doy cuenta de que la gasolina está bajando, me pregunto, ¿Me dará esta gasolina para llegar?, esa es la pregunta ahora, ¿Tendré suficiente gasolina?

Es muy de noche, casi no hay ninguna luz cuando entro por Guanabo. Gracias a Dios, la gasolina me alcanzó, miro mi reloj, faltan 12 minutos para la hora planeada en que tengo que estar en el puerto. Pero cambio de plan y arriesgo unos minutos, voy hasta la casa amarilla.

Parqueo, me bajo, salgo corriendo hacia la casa sin apagar el camioncito, no tengo necesidad de tocar, se abre la puerta, aparece la mujer, nos abrazamos por un momento que parece una eternidad, la miro, me meto la mano en el bolsillo y le entrego el dinero que me queda. Le digo.

— Guárdenlo que ustedes lo necesitan.

La mujer lo tira sobre una mesa, se vira, me da otro abrazo, nos abrazamos como dos personas que se conocen toda una vida o que han pasado mucho juntos, en realidad lo hemos, le doy un beso y le digo.

— Mujeres como tú, son un orgullo para Cuba.

Me dice.

— Buena suerte.

Echo a correr hacia el camioncito y me grita.

— ¡Apúrate que te esperan!

Me subo en el camioncito y echo andar.

Unos minutos después llego al puentecito, el cubano fuerte está en el parqueo esperándome, llego, me bajo, sin decir palabras, él se sube al camión, lo echa a andar y se aleja. Yo corro por el pequeño muelle hacia el bote, el bote de pesca ya está suelto de sus amarres, el motor está andando, nada más brinco al bote y empieza a moverse.
El nombre del barco estaba escrito en la popa con pintura negra, se estaba borrando. El pesquero era tal vez 28 metros de largo. Algunas redes de pesca colgaban del mástil de popa.

Inmediatamente me dicen, cámbiate de ropa, entro en el cuartico rústico, sucio y rápidamente me cambio de ropa, me visto con ropa de pescador, salgo y me piden que ponga toda mi ropa en un cartucho, la deposito en el cartucho de nylon, amarramos el cartucho con una piedra pesada también dentro, hacemos un nudo y lo tiramos al mar.
Juan Me dice.

—Se supone que hoy no pesquemos por el discurso, así que probablemente el guarda costa o el guarda frontera cuando nos pare, nos va a hacer algunas preguntas.

La cubierta era decente, un barco pesquero cubano podría facilitar la fuga y encontrase con el barco americano después del atentado en altamar. El bote sigue andando, parece más lento que nunca, el ruido es alto y parece que se va a parar en cualquier momento. Nadie habla, me siento en el suelo del bote, me pongo las manos en la cabeza y pienso, ¿Por qué habrán suspendido la operación? ¿Mi vida peligró o peligra tanto como pienso? ¿Será un chivatazo? ¿Me estarán buscando? ¿Sabrán que hubo un operativo contra la vida del tirano? ¿Nos estarán buscando? Mil preguntas me pasan por la mente, sin una sola respuesta.

El silencio se hace denso, pesado, solamente se oye el ruido del motor que parece que va a dejar de funcionar de un momento a otro.

La noche es bien oscura, no se ve nada, nadie habla y pienso, qué guapas son todas estas personas que dentro de Cuba arriesgan sus vidas, todo lo que tienen, sus esposas, sus hijos, sus casitas, todo por la libertad de Cuba, lo que yo he hecho no es nada a lo que hacen ellos, yo me marcho, ellos se quedan. Estos sí son hombres y mujeres.

Estuvimos andando ni 40 minutos, cuando sentimos el ruido de un motor, alguien grita.

— ¡La patrullera cubana, prepárense!

Me entregan una gorra vieja y una cachimba, me la pongo y me bajo la gorra bastante, el momento es de una tensión inmensa, tan grande, que si tuviéramos una pesa, lo pudiéramos pesar, solamente personas que han tenido alguna experiencia similar saben a lo que me refiero. Es un silencio total, el corazón me late a mil, la presión debe estar por las nubes, siento la presión en el cerebro, la respiración se me hace pesada. Tengo que sacar coraje para hacer un esfuerzo y disimular.

La patrullera nos ilumina con una luz completamente y nos da dos o tres vueltas en redondo, alguien grita de la patrullera.

— ¿Qué hacen pescando esta noche? Nadie ha salido hoy.

— Es una buena noche, pensamos que así nosotros cogeremos los mejores peces. Juan le contesta.
Hay un largo silencio. Se oye un murmullo entre los patrulleros.

De pronto, de la patrulla gritan.

— ¡Los vamos a abordar!

Y nos tiran una soga.

La sangre se me congela en las venas, miro alrededor a ver si veo un arma, no hay nada, ¿Pero qué puedo hacer? Nos tiran la soga, uno de nosotros la coge y la amarra, brinca un patrullero hacia el bote de nosotros.

Lo primero que hace es caminar alrededor, con una pequeña linterna, revisa todos los rincones, revisa el camarote (cuartico). Después se acerca a nosotros y nos dice, identificación, trato de hacer un cálculo, de ver cuántos hombres hay en la patrulla. Porque pienso, si me sorprenden, hay que fajarse, hay que fajarse por la vida, tiro este hombre al mar y trataremos de pelear con los que están en la lancha patrullera. Pero no puedo, el reflector no me deja ver cuántos hay, saco del bolsillo mi identificación, que me identifica de Guanabo, se la entrego, trato de mirar hacia abajo. El militar la coge, la mira, me la devuelve, se la pide a los otros dos, las mira, se las devuelve y dice.

— Esta muy extraño, coño, esto que ustedes estén pescando esta noche, cuando sabemos que nadie sale a pescar. Juan le contesta.

— Ya te he dicho que pensamos que si nadie sale a pescar nosotros podemos pescar lo mejor.

El patrullero dice.

— Bueno, lárguense para casa del carajo.

Brinca, retiran la soga y se marchan.

Nos quedamos fríos, congelados, me tengo que sentar del mal rato que he pasado. Los otros dos hombres que me acompañan no dicen nada, pero también me imagino que están congelados, también sus vidas estuvieron en un hilo. La patrullera se aleja por un lado y nosotros seguimos hacia otro.

Pasan 15 minutos por lo menos antes de que alguien pueda hablar, uno de ellos dijo en alta voz.

— Gracias Dios mío.

Seguimos navegando poco a poco, en un silencio completo, interrumpido solamente por el ruido aparatoso del motor que parece que se va a apagar en cualquier momento.

Seguimos avanzando y avanzando, no se oye nada, solo el motor. Como más o menos dos horas después Juan avisa, ya estamos en el lugar clave, se supone que la lancha que te va a buscar ya esté aquí.

Miramos alrededor, no se ve nada y no se siente nada. Me sobresalto de nuevo, el corazón se me pone en el cuello. ¿Será posible? ¿No me vendrán a buscar? ¿Me habrán dejado tirado a mi suerte? El barco se mueve para atrás y para adelante, damos unas vueltas en redondo, nada de la embarcación ni ningún ruido que anuncie que se acerca. Me pregunto en mi mente mil veces ¿Qué hago si la embarcación no aparece? ¿Qué hago si no me vienen a buscar? El pensamiento es terrible. No puede ser, me digo yo mismo, una y otra vez.

Me cago en la madre de Phillips mil veces, en alta voz. Ese gringo de mierda, nunca me simpatizó, nunca le tuve confianza. Me cago en el coño de su madre mil veces.

Le digo a Juan.

— Esperemos unos cuantos minutos más.

Juan sigue dando vueltas en redondo, le digo.

— Vamos a ver si llegan.

— Si no llegan en cinco minutos, regresa, ya veré lo que hago, me quedaré infiltrado en Cuba, escondido unos días, hasta que esto lo pueda resolver o me pueda robar un bote para irme.

Juan me dice.

— Ya han pasado cuatro minutos, no podemos perder más tiempo, nos pueden descubrir o estamos a punto de que nos descubran. Hay que regresar, esto es un gran peligro.

Viramos, ponemos la embarcación rumbo hacia Cuba. De pronto, se ve la luz roja que se enciende y se apaga.

— ¡Espérate!

Grito.

— ¡Allí esta, coño, allí!

— ¡Da la vuelta, coño!

Damos la vuelta y enfocamos la embarcación rumbo a las luces rojas. Ahora sí se puede oír el motor poderoso de la lancha que se acerca, respiro profundamente y me siento de un sopetón. Y digo en voz alta.

— ¡Gracias, Dios mío, gracias!

Unos minutos después la lancha y el bote se unen por un par de minutos. Me despido de mis compañeros dándoles un abrazo y un apretón de manos.

Me dicen.

— Buena suerte.

Les contesto.

— Buena suerte.

Brinco a la lancha, la lancha hace un giro rápido, acelera y tengo que sujetarme para no caer, sale a toda velocidad, parece que estamos volando en comparación al bote de pesca.

Miro alrededor y son las mismas personas. Nos miramos, nos sonreímos, pero no hablamos.

Estoy extenuado, completamente extenuado, uno de ellos me brinda un poco de Whisky, me lo tomo de un solo golpe. A propósito, me acerco a la baranda del barco (borde) y dejo que mi cara se moje de agua fría, para refrescarme, porque sinceramente no puedo más.

Han pasado como 10 a 15 minutos, cuando de pronto sentimos el motor de un avión que se acerca y se acerca, debe estar muy cerca de nosotros porque el ruido del motor es horroroso. Tomas apaga la luz y de pronto, ratatata, ratatata, ratatatata, ratatatatata, nos sueltan una ráfaga, el avión nos pasó rozando, nos tiro una ráfaga de tiros, todo el mundo se regó por el bote, nos tiramos por todas partes en el suelo.

— ¡Carajo, por poco nos matan! Grita Tomás.

— ¡Qué carajo, si estamos a una milla y media fuera de las aguas de Cuba! ¡Qué carajo! Grita Tomás un par de veces.

Los tres estamos agachados en el interior del bote que va que jode, Tomás lo lleva en zigzag a toda velocidad.

El motor del avión se vuelve aproximar, ratatata,

ratatata, vuelve a tirar, el avión bajo en picada, nos pareció que el piloto había encontrado su destino pero esta vez los golpes de las balas dando en el mar se oyen un poco más lejos, el piloto se tomó su tiempo, el avión se acercaba más y más hacia el mar, el chapoteo estaba a varios cientos de metros de distancia. El avión se aleja y se va, el ataque duró un minuto o minuto y medio cuando más. Probablemente un MIG-17Fs que disponen la mayor parte de los escuadrones tácticos de Cuba. Todo el mundo está exaltado, gritando, coño, carajo, desgraciado, hijo de puta. Tomás pregunta.

— ¿Hay alguien herido?
— Nadie, contestamos.

Tomás sigue en zigzag a toda velocidad con la luz apagada. Por unos 10 a 15 minutos más, todo el mundo sigue exaltado, gritando, todo el mundo se grita algo entre sí. Seguimos agachados dentro del bote, que va dando brincos fuertes contra el mar, parece que se va a desarmar, fuacata, fuacata, fuacata.

Al fin un tiempo después Tomás decelera y prende la luz, revisamos la lancha (bote), el bote ha sido impactado varias veces. Pero aparentemente, según Tomás, nada serio.

Si estaba cansado o tenía sueño, este momento me ha despertado por completo, la adrenalina me corre por todo el cuerpo. Estamos todos a mil.

En esta operación, si no nos matan las balas del Castrismo, nos matan los sustos y la tensión. Seguimos avanzando y avanzando en el medio de la noche. Ya nadie habla, solamente se oye el ruido del barco cuando golpea el mar. Así seguimos mucho tiempo. Cuando han pasado como 40 minutos, Tomas me dice.

— Ahí hay galletas y dulce, por si tienes hambre. Coño, de pronto me doy cuenta de que he pasado horas y horas enteras sin comer nada. Me entra tremenda debilidad y tremendo apetito.

Le digo.

— Dame acá.

Cojo las galletas, me como cuatro o cinco galletas que me saben a gloria y me como un pedazo de dulce. ¡Wow! De esas que vienen en nylon, que se compran en el 7-11 (tienda de víveres).

Le pregunto a Tomás.

— ¿Por qué tú crees que el tipo ese no nos hundió?

Guarda silencio por un momento y dice.

—Yo opino que probablemente no nos pudo ver 100%. Se dio cuenta de que estábamos allí pero en realidad no nos veía bien o quizás después que tiró se dio cuenta de que estábamos en aguas internacionales y cambió de idea. No sé, mi opinión es que no nos vio completamente.

Mucho después, se divisan las luces de los Cayos. Está casi amaneciendo. ¡coño! Qué vista más linda, qué tranquilidad, qué diferencia de donde venimos. Entramos a Cayo Marathon sin ningún problema, arrimamos el bote, nos damos la mano, me desean buena suerte, yo hago lo mismo.

Tomas me dice, esa muchacha que está allí es tu ride.

Brinco fuera de la lancha y salgo caminando hacia ella, es una muchacha rubia, con shorts, bastante atractiva, se introduce, me da la mano. En verdad no le presto atención al nombre y ni lo recuerdo, me lleva hacia un Chevrolet Impala casi nuevo, me hace señas que me suba, lo hace ella y salimos andando.

Estoy todo sucio, todo sudado, con peste a pescado, con olor al mar. Muy estropeado, me recuesto al asiento del carro y cierro los ojos, no duermo. Guardamos silencio por más de media hora.

Ella lo rompe y me dice en inglés.

— Are you tired? (¿Estás cansado?)

Le contesto.

— A lot. (Mucho)

Abro los ojos y la miro por el rabo del ojo. Es una mujer atractiva, es muy bonita, le contesto algo con la cabeza sin hablar, ella se da cuenta de que la he encontrado atractiva y me echa una sonrisa picantona, se la devuelvo y vuelvo a cerrar los ojos.

Así pasa otro largo rato, cuando me dice.

— ¿Quieres comer algo?

Le contesto que no con la cabeza y seguimos avanzando. Ya ha amanecido cuando entramos en Miami hacia mi casa. Para frente a mi casa, ya es de día. La miro de frente y me mira, tiene unos ojos verdes muy bonitos, también le doy una mirada a sus piernas, están bonitas. Me le acerco, le doy un beso en un cachete y le digo.

— Thank you.

Ella me dice.

— Good luck. (Buena suerte)

Abro la puerta y echo a andar hacia mi casa. Pienso, Dios mío, he llegado a la gloria, al paraíso, gracias por haber podido regresar. Gracias por dejarme regresar con vida. No me acuerdo de su nombre y nunca más la he visto.

Entro y me doy un baño largo de agua fría. No tengo forma de darle gracias a Dios que me haya permitido regresar sano y salvo. Salgo del baño, me tiro en mi cama. Estoy desbaratado, se me cierran los ojos y me duermo.

Capítulo 8

Confrontación

Estoy sentado en el mismo hotel en South Beach, miro al mar, tengo los pies sobre la mesa, con la ventana abierta, contemplando el mar.
Tocan a la puerta, tun, tun, tun.
Grito.
— ¡Adelante, que está abierta!
Entra Phillips (el americano) y el gordo. Se me aproximan y cuando están bien cerquita de mí me levanto hecho una furia, rastrillo la 45, se la pongo a Phillips entre los ojos y le grito.
— ¡Hijo de puta, cabrón! ¿Qué fue lo que paso? ¡Te voy a matar como un perro!
Phillips se pone blanco y el gordo dice.
— No, espérate.
Cambio el cañón y apunto al gordo en el medio del pecho y le grito.
— ¡Y tú, hijo de puta, te voy a matar a ti también!
El gordo se pone pálido, parece que se puso flaco de momento.
Phillips empieza a decir algo, cambio el cañón y le vuelvo a poner el cañón entre las cejas, le grito.
— ¡Cabrón, muchas familias cubanas arriesgaron sus vidas por esta operación! ¡No solo mi vida, sino muchas

familias cubanas!

— ¿Qué pasó, coño?

Estoy sudando, estoy hecho un loco, en realidad quiero vaciarle todo el peine a este cabrón. Phillips da dos pasos atrás y me dice.

— Yo no tengo nada que ver con esto, fueron órdenes superiores, tal como me llegaron yo las pasé.

Yo le grito.

— ¡Debiste haberme dejado llevar la operación a cabo, no me arriesgué por gusto, ya estaba allí!

El tipo en su español, me dice.

— Ya te he dicho que fueron órdenes superiores, solamente yo pasé la orden.

Yo estoy echando fuego, el encabronamiento lo tenía guardado en las entrañas y me salió todo de pronto.

Me controlo, me trato de tranquilizar un poco, respiro varias veces profundamente.

Aprieto el botón en la pistola, que libera el peine y este cae estrepitosamente en la mesa.

Me tiro en la silla, les hago señas a ellos para que se sienten. Los colores le vuelven a la cara a Phillips y al gordo. Agarran unas sillas y se sientan.

— No sé todos los pormenores.

Me dice Phillips.

— Pero tengo entendido que hubo una infiltración y fue mejor así, que la operación se suspendiera. No solo tu vida corría gran peligro, si no hubieras perdido tu vida y la de todos los que te ayudaron.

Lo miro con cara de aburrido, él sigue hablando.

— La compañía tomó esa decisión y no pude hacer nada.

Me pregunta.

— ¿El dinero?

Le contesto.

— Lo perdí.

Phillips mira al gordo, se sonríen, yo también me sonrío.

Phillips me pregunta.

—¿Estás dispuesto a trabajar para nosotros alguna otra vez?

Lo miro con una cara de sonrisa burlona y le contesto.

— Quizás, no sé.

Phillips se levanta, el gordo lo hace también, dando por terminada esta entrevista. Phillips me tiende la mano, lo miro a los ojos y no se la doy. Me recuesto hacia atrás y pongo los pies sobre la mesa.

Juntos salen caminando lentamente. Cierran la puerta, yo me quedo a solas, mirando por la ventana hacia fuera. Así estoy sin pensar, solo contemplando el mar 10 o 15 minutos. Después tomo el peine, lo pongo en la pistola, me la pongo en la cintura, bajo las piernas y echo a andar lentamente hacia la puerta, la abro y la cierro lentamente a mis espaldas.

Esta acción ha terminado.

Capítulo 9

Los Conspiradores

El hombre fuerte de Guanabo, Miguel, fusilado un año después acusado de un atentado a Fidel Castro.

La mujer bonita de Guanabo, María, condenada a cinco años y cumple dos.

El esposo, Octavio, es condenado a ocho años y cumple cuatro, condenados por tener una conspiración con extranjeros aunque nunca se les pudo comprobar nada y viven en algún lugar dentro de Cuba valientemente.

Luis, el que vivía cerca de la iglesia Los Pasionista, condenado a diez años por conspiración, cumple seis. Hace unos años vive en New Jersey con su esposa, su familia y de vez en cuando nos hablamos.

El viejo de atrás del Niágara muere en la cárcel a las veinticuatro horas de haber sido arrestado, de un ataque al corazón. Esa es la versión oficial del gobierno. ¿Quién sabe?

Tomás, el jefe de la lancha de infiltración, muere años después en Miami, de causas naturales.

El del bigote se mudó a Puerto Rico y perdí contacto con él.

Más nunca supe de la suerte de los combatientes del bote pesquero.

A Phillips más nunca lo he visto, aunque lo he visto

en algún documental de la televisión sobre la CIA.

Al gordo más nunca lo he visto.

A través de los años, poco a poco fui perdiendo el contacto con los sobrevivientes de esta acción. Vivo en Miami, con mi familia, estoy retirado de toda acción.

Capítulo 10

Quién y Por qué

¿Por qué se me escoge a mí para esta operación? He trabajado para la CIA en varias ocasiones llevando algunos operativos en otros países. También he tenido un extensivo entrenamiento, que va desde minas hasta supervivencia en la selva.

Por el otro lado, soy cubano, soy joven y tengo la facilidad de relacionarme con toda clase de personas, también soy flexible y me adapto fácilmente y rápidamente a circunstancias cambiantes.

Desde el punto de vista político, soy anticomunista y diera cualquier cosa por liberar a mi país, cumplo mis órdenes al pie de la letra, sean cual sean. Y por último, sé guardar secretos, soy discreto y a la vez puedo pasar inadvertido.

En realidad en esta clase de operaciones no se llevan récords, ni notas, ni constancias, estas operaciones entre comillas no son oficiales, aunque son financiadas y facilitadas por la compañía (CIA), pero a la misma vez la CIA lo negará a toda costa, negará siempre el haber participado en estas acciones.

También los combatientes que participan en estos operativos usan sinónimos o nombres de combate y muchas veces no se conocen entre sí.

Los operativos, los objetivos se guardan en un gran secreto y muchos se llevan estos secretos a la tumba. Muchos jamás lo comentan ni siquiera con miembros de la familia, se han dado casos que hasta han negado haber participado en estos.

Llevar a cabo una operación así no es fácil. Tienes que prepararte mentalmente y tienes que estar en buenas condiciones físicas, ya que se pueden presentar toda clase de problemas.

El infiltrarse en un país como Cuba, que es una isla no es tan difícil al estar rodeada del mar. Lo difícil en realidad es moverse dentro de la isla, llevar a cabo el operativo y salir con vida de ella.

Tienes que aprender nombres, teléfonos, calles, consignas y tener mucho tacto, ya que cualquier persona por una cosa u otra te puede entregar. Si te sorprenden, muchas vidas dependen de ti. Dentro de ti tienes el miedo que de alguna tortura o manera te puedan sacar esta información. Es una gran tensión y responsabilidad.

Estuve en Fort Benning y en Fort Jackson, era uno de los más jóvenes. He luchado de una manera e otra en todo el hemisferio, dentro de cuerpos militares como de inteligencia, incluyendo Vietnam.

Recuerdos del Autor Frank Marchante

En Bolivia

El camino más peligroso del mundo, llamado el camino de la muerte, conecta Bolivia a la selva amazónica.

Altiplano-Bolivia   **Copacabana 1972**

La selva amazónica se encuentra en América del Sur, se extiende a través de los países de Brasil, Bolivia, Perú, Ecuador. Una gran experiencia.

La Amazónica, selva tropical

Capítulo 11

Cuba Antes de la Revolución

Por estadísticas tomadas de las Naciones Unidas y la Comisión Económica de América Latina (CEPAL).

En Educación:

El 76.40 % tenía educación escolar. Cuba era el tercer país de América Latina en educación.

La educación era la más económica del mundo.

La primera enseñanza era gratis y la segunda de matrícula se pagaban $6.00 dólares anuales y si era pobre, podía aplicar por la gratis.

La Universidad de la Habana costaba entre $45.00 y $65.00 dólares anuales, pagaderos en tres mensualidades.

En Salubridad:

En 1958 era el tercer país del mundo, en mortalidad el más bajo en el Continente Americano.

Contaba con un médico por cada 960 personas y un dentista por cada 2,800 habitantes. Ocupando el tercer lugar de América Latina también.

Contaba con 98 hospitales civiles que el gobierno pagaba los gastos.

En Salubridad Infantil:

Contaba con cuatro grandes hospitales infantiles y 28

clínicas por toda la isla, también el gobierno pagaba los gastos.

Además de lo mencionado antes, contaba con 250 clínicas, médicos con servicio de hospital, cirugía y medicinas, por solo $3.00 dólares mensuales.

En Producción:

El desarrollo de Cuba era el mejor de América Latina. Contaba con 38,395 fábricas y 65,872 tiendas comerciales.

Solamente Argentina, México y Brasil tenían un ingreso mejor que el de Cuba. Estos países eran diez veces mayor que Cuba.

En Leyes Obreras:

El sistema de Cuba era el más avanzado del mundo. Tenía un porcentaje de desempleo de 7.04 %, el más bajo en América Latina. Tenía un salario mínimo de $85.00 dólares mensuales, el más alto de los países de América Latina. Los obreros tenían un mes de vacaciones con sueldo completo. Seguro de accidente, compensación por incapacidad, pensión a viudas e hijos en casos de muerte.

Horas de trabajo. Eran ocho horas diarias, 40 a la semana.

También tenían nueve días de enfermedad al año con sueldo y dos retiros o pensiones.

Las mujeres cubanas tenían 45 días antes y 45 días después del parto con sueldo completo, con hospitalización y medicinas sin costo en las clínicas de maternidad del Estado. También se podían sentar en el trabajo.

El peso cubano y el dólar valían lo mismo.

La Tierra:

La industria ganadera estaba considerada como una de las mejores del mundo.

Tenía 170 centrales azucareras, 121 eran de cubanos.

Tenía un automóvil por cada 35 habitantes, contaba con un radio por cada cuatro personas, y un televisor por cada 15 personas. De cada 25 personas había una con teléfono.

Todo esto costó trabajo y esfuerzo en lograrlo, Cuba estaba en una de las primeras posiciones de los países civilizados hasta que Castro tomó el poder en Cuba.

Capítulo 12

Crónica de la Revolución

Julio 26 de 1953

    Fidel Castro ataca el cuartel Moncada en Oriente. Es un fracaso.

Diciembre 2 de 1956

    Fidel Castro desembarca en Cuba en un yate llamado Granma en la provincia de Oriente.

Diciembre 31 de 1958

    El presidente Fulgencio Batista huyó a la República Dominicana. A la edad de 32 años, Fidel Castro toma el poder días después.

Mayo 17 de 1959

    La Ley de la Reforma Agraria es pasada.

Octubre 28 de 1959

    Desaparece el comandante Camilo Cienfuegos en una avioneta Cessna. Versión oficial del Gobierno. El pueblo duda de la veracidad de la noticia del gobierno.

Enero 3 de 1961

    Ruptura de relaciones diplomáticas entre EE. UU. y el gobierno de Cuba, Estados Unidos cierra embajada en Cuba.

Abril 17 de 1961

Invasión de Bahía de Cochinos por cubanos apoyada por la CIA y el presidente John F. Kennedy. Los americanos traicionan a los cubanos invasores a última hora. Es un fracaso.

Diciembre de 1961

En diciembre de 1961, en un discurso televisado el 2 de diciembre, Castro declaró: "Yo soy un marxista-leninista y seré uno hasta el final de mi vida."

1961

Pedro Luis Boitel, es condenado a 10 años de prisión.

1962:

A principios de año, EE.UU. aviones espías (U-2s) comienzan volando sobre el espacio aéreo cubano para fotografiar la isla

Octubre 22 de 1962

El presidente John F. Kennedy declara la crisis de octubre.Bloquea y demanda el retiro de Cohetes Ofensivos de Cuba.

Octubre 27

El Kremlin accede a desmantelar las bases en Cuba.

A cambio de que retiren los cohetes ofensivos, los Estados Unidos aceptan un pacto con Rusia de aceptar un régimen comunista a 90 millas de sus costas y prohíben toda acción por cubanos de sus costas. La administración Kennedy también acordó eliminar en secreto a los misiles Júpiter de Turquía.

Enero 5 de 1963

El presidente Kennedy recibe en el estadio Orange Bowl de Miami a los prisioneros de la brigada 2506. Promete entregar la bandera de la brigada en una Cuba libre.

Fidel Castro trata de terminar con el Gobierno de Venezuela.

La administración Kennedy prohíbe los viajes a Cuba y declara las transacciones financieras y comerciales ilegales.

1964

En diciembre anticastristas exiliados cubanos disparan una Bazooka contra la sede de la ONU en Nueva York, durante un discurso del Che Guevara a la Asamblea General, en un intento de ajusticiar al Che.

1965

Los vuelos de la libertad comienzan, trayendo a Miami alrededor de 250,000 refugiados para 1971.

1966

Fidel Castro manda a Bolivia al Comandante Ernesto "Che" Guevara (uno de los tres grandes de Cuba) hacer el nuevo Vietnam, muere allí el 9 de octubre de 1967. Expertos creen que Fidel lo mando a una muerte segura.

1972

Muere Pedro Luis Boitel, tras un Ayuno de 53 Días. El 3 de abril de 1972, Boitel se declaró en huelga de hambre. Murió de hambre el 25 de mayo de 1972. Se afirma que Boitel fue torturado y golpeado muchas veces y que su madre Claretta fue humillada cuando fue a visitarlo en la cárcel.

La Comisión Interamericana de Derechos Humanos consideró que el gobierno cubano había violado el artículo I de la Declaración Americana de los Derechos y deberes del Hombre en su tratamiento de los presos.

Sus últimos días fueron redactados por su íntimo amigo, el poeta Armando Valladares. Fue enterrado en una tumba sin nombre en el cementerio de Colón en La Habana.

1975

Intervención en África. Cientos de jóvenes cubanos mueren en África.

1976

Castro es electo presidente del Consejo de Estado, otorgándole autoridad absoluta de las fuerzas armadas.

Septiembre 1 de 1977

Bajo el presidente Carter, los EE.UU. abre una Sección de Intereses en La Habana, parte de la Embajada de Suiza. Cuba abre una Sección de Intereses en Washington, DC.

1978:

Cubanos anticastristas bombardean la misión cubana en New York.

1979

El Frente Sandinista de Nicaragua triunfa. Fidel unió, entrenó, armó y dirigió la guerra Sandinista para alcanzar el triunfo en 1979.

1980

Una flotilla de refugiados comienza un éxodo desde el puente del Mariel. Trayendo cerca de 125,000 refugiados a Miami. Cuba aprovechó, incluyo mezclando a muchos delincuentes.

Abril 19 de 1982

Presidente Reagan restablece la prohibición de viajar y aprieta las sanciones comerciales contra Cuba.

1990

Cuba pasa una recesión masiva debido a la caída de la URSS.

1994

Marta Beatriz Roque creó el Instituto Cubano de Economistas Independientes.

Marzo 6 de 1996

El Congreso de Estados Unidos aprueba la Ley Helms-Burton, el fortalecimiento del embargo contra Cuba. La ley es condenado por los gobiernos de izquierda extranjeros.

1997

El 16 de julio Marta Beatriz Roque, Vladimiro Roca, Félix Bonne y René Gómez Manzano, publicaron un artículo titulado "La Patria es de Todos", sobre derechos humanos en Cuba. Los cuatro fueron detenidos sin juicio durante diecinueve meses. Fueron juzgados en marzo de 1999 en un juicio que se conoció como el "Grupo de cuatro", Roque fue condenada a tres años y-medio de prisión.

Vladimiro Roca Antúnez, hijo de Blas Roca Calderio, un conocido dirigente del Partido Socialista Popular. Estuvo en prisión desde 1997 hasta 2002, cuando fue liberado. Gómez Manzano fue arrestado en Julio 16 de 1997, fue dejado libre en el 24 de Mayo del 2000.

Septiembre 12 de 1998

Los EE.UU. arrestó cinco cubanos en Miami, y más tarde los condeno de espionaje.

1998

El papa Juan Pablo II visita Cuba. Oswaldo Payá Sardiñas fue el fundador y el organizador del Proyecto Varela.

Noviembre 1999

El niño cubano Elián González es recogido en las costas de la Florida después de que el bote se vuelca en el que su madre, su padrastro y otros habían tratado de escapar a los EE. UU, su madre perdió su vida.

Una gran campaña por exiliados cubanos en Miami comienza con el objetivo de prevenir Elián sea devuelto a Cuba y que se quede con sus familiares en Miami.
2000 junio - Elián es sacado de su casa casi a la fuerza y mandado a Cuba después de batallas judiciales prolongadas.

2000

Marta Beatriz Roque fue liberada el 23 mayo del año 2000, después de cumplir tres años de una condena de cuatro años por su coautoría de un documento a la celebración de elecciones democráticas y la mejora de los derechos humanos.

Amnistía Internacional declaró a los cuatro

Prisioneros de Conciencia en 2007, fue una de los Candidatos nominados al Premio Nobel de la Paz.

2001

El 23 de junio de 2001, Castro sufrió un leve desvanecimiento mientras hablaba en un acto público en el barrio de El Cotorro, en la capital cubana.

2002

Oswaldo Payá Sardiñas ganó el Premio Sajarov - de derechos humanos de la Unión Europea - por su trabajo con el Proyecto Varela, que fue creado en 1998, y fue nominado Candidato oficial al Premio Nobel de la Paz en 2011, 2010, 2008, 2003 y 2002.

En el 2002, Payá presentó personalmente 11,020 firmas apoyando el Proyecto Varela a la Asamblea Nacional, para pedir que se ponga fin a cuatro décadas de gobierno de un solo partido y en el 2004 presentó 14,000 firmas adicionales. Sin embargo, la Asamblea Nacional rechazó el pedido.

Ganador de numerosos premios entre los cuales se encuentran.

El Premio Homo Homini se otorga anualmente por la organización de derechos humanos checa.

1999 - El Premio Sakharov por la Libertad de Conciencia del Parlamento Europeo.

2002-W. Averell Harriman Premió Democracia por el US Democratic Institute.

2003- Premio Instituto Democrático Nacional para Asuntos Internacionales
2005-Doctor Honorario en Leyes de la Universidad de Columbia en Nueva York.
En **2005** Nominado para el Premio Nobel de la Paz por el expresidente checo Václav Havel, con otros disidentes cubanos Raúl Rivero y Óscar Elías Biscet.

En el **2008** fue nombrado Campeón Mundial de la Democracia por la revista Europea A Different View, Decía frecuentemente, me han dicho que me van a matar antes de que termine el régimen, pero yo no voy a huir.

En el año 2002, Martha Beatriz Roque creó la Asamblea para Promover la Sociedad Civil Cubana.

Primavera del 2003 el gobierno cubano arrestó, juzgo rápidamente y condeno a 75 defensores de derechos humanos, periodistas y bibliotecarios incluyendo a Marta Beatriz Roque, por presuntos "actos contra la independencia o la integridad territorial del Estado", con penas de hasta 28 años de prisión conocido como la **Primavera Negra**.

Las Damas de Blanco fue fundada en marzo de 2003 después de que 75 disidentes pacíficos fueron detenidos arbitrariamente y condenados a largas penas de prisión en un período conocido como la Primavera Negra.

El 3 de abril de 2003, Marta Beatriz Roque fue llevada a juicio y condenada en un juicio de un día. Roque fue condenada a 20 años de prisión por "actos contra la independencia o la integridad territorial del Estado".

Amnistía Internacional la adoptó como presa de conciencia y la hermana de Roque Isabel fue invitada a reunirse con el presidente de EE.UU. George W. Bush en Washington, DC para discutir el caso.
El 22 de julio del 2004, Roque se le dio la libertad anticipada de la cárcel debido a su deteriorada salud.

2004

Orlando Zapata, un albañil de 42 años fue enjuiciado el 18 de mayo del 2004 y condenado a 3 años de prisión.

Jueves, 21 de octubre de 2004

El presidente cubano, Fidel Castro, sufrió una caída que le provocó la fractura de una rodilla y parte de un brazo en Santa Clara (Cuba).

2005

Damas de Blanco es un movimiento de oposición en Cuba, consiste en esposas y otras mujeres de la familia de los disidentes encarcelados. Las mujeres protestan contra los encarcelamientos y asisten a misa todos los domingos con vestidos blancos y luego en silencio caminan por las calles vestidas de blanco. El color blanco es elegido para simbolizar la paz.

El movimiento Damas de Blanco recibió el Premio Sájarov a la Libertad de Conciencia del Parlamento Europeo en 2005.

En el 2005, Marta Beatriz Roque fundó la Asamblea para Promover la Sociedad Civil.

El 20 de mayo del 2005 Marta Beatriz Roque Cabello logra celebrar en La Habana una reunión nacional de la Asamblea Nacional para Promover la Sociedad Civil con delegado de todo el país, invitando extranjeros, con la presencia del jefe de la Oficina de Intereses de Estados Unidos en La Habana, James Cason.

En julio del 2005, Gómez Manzano fue arrestado cuando salía de su casa, supuestamente para unirse a una protesta en la Embajada de Francia con la asamblea de Marta Beatriz Roque para Promover la Sociedad Civil en Cuba. Fue detenido sin cargos durante dieciocho meses, tiempo durante el cual más tarde declaró que él llevó a cabo dos huelgas de hambre.

Amnistía Internacional lo designó nuevamente a un preso de conciencia y presionó por su liberación.

2006 Julio

El presidente Fidel Castro se somete a cirugía

gástrica y temporalmente entrega el control del gobierno a su hermano Raúl.

En 2006, cuando un falso rumor difundido después de que la televisión nacional cubana informó el extraordinario desarrollo - que Castro se había sometido a una cirugía de emergencia por una hemorragia intestinal y había cedido temporalmente el poder a su hermano Raúl.

Muchísimos conciertos de ollas y sartenes estalló espontáneamente frente a La Carreta Restaurant en Westchester, y en Versailles Restaurant, el más famoso de Miami FL, importante de la cultura cubana y la comunidad del Sur de la Florida. Uno de los lugares preferidos para celebrar.

En 2006, Guillermo Fariñas realizó una huelga de hambre de siete meses para protestar contra la censura de Internet en Cuba. Médico cubano de psicología, periodista independiente y disidente político en Cuba. Ha llevado a cabo 23 huelgas de hambre en los últimos años para protestar por diversos elementos del régimen cubano.

2007

Marta Beatriz Roque fue detenida de nuevo el 27 de septiembre de 2007 en un rally. En 2007 fue una de los candidatos nominados al Premio Nobel de la Paz.

Gómez Manzano fue puesto en libertad el 9 de febrero de 2007.

Yoani María Sánchez lanzó su blog, Generación Y, el 9 de abril de 2007. Ha alcanzado fama internacional y varios premios internacionales por su interpretación crítica de la vida en Cuba bajo su actual gobierno. Sánchez es mejor conocida por su blog, Generación Y. Sánchez ha sido honrada con varios premios.

2008 – "100 Most Influential People in the World" – Time magazine
2008 – "100 most notable Hispanoamericans" – El País newspaper
2008 – "10 most influential people of 2008" – Gatopardo Magazine
2008 – "10 Most Influential Latin American Intellectuals" of the year – Foreign Policy magazine
2009 – "25 Best Blogs of 2009" – Time magazine
2009 – "Young Global Leader Honoree" – World Economic Forum
2009 – Maria Moors Cabot prize – Columbia University Prize
2010 – World Press Freedom Hero – International Press Institute
2010 – Prince Claus Award – Prince Claus Fund
2012 – "10 Most Influential Ibero American Intellectuals" of the year – Foreign Policy magazine

Sábado, Agosto 25, 2007

Los rumores comenzaron a circular en Miami, Florida, que Fidel Castro, el presidente de Cuba, puede estar muerto. Fiesta, el pueblo en el exilio lleno las calles de júbilo, gritos y alegría.

2008

Febrero- Raúl Castro asume el cargo de presidente, días después de que Fidel anuncia su retiro.

Los miembros de las Damas de Blanco del movimiento de oposición son detenidas el 21 de abril de 2008 en los alrededores de Plaza de la Revolución en La Habana.

Diez mujeres - esposas de disidentes encarcelados en Cuba - llegaron a la plaza para exigir la liberación inmediata e incondicional de sus seres queridos, y con la intención de darle una carta con sus demandas al presidente cubano, Raúl Castro.

La revista Time nombró a la bloguera Yoani Sánchez como una de las 100 personas más influyentes del mundo.

2009

El norteamericano Alan Gross fue encarcelado por el régimen de Castro por tratar de ayudar a la comunidad judía.

En octubre de 2009, bloguera Yoani Sánchez fue galardonada con el "Premio María Moors Cabot" de la Universidad de Columbia y fue invitada a Nueva York para recibir el premio. El gobierno cubano le negó el permiso para asistir.

2010

El 23 de febrero, 2010, el disidente preso Orlando Zapata Tamayo, de 42 años, muere después de una huelga de hambre de 86 días, lo que provocó la condena internacional.

Durante la represión de la Primavera Negra, el 20 de marzo de 2003, fue detenido, en el momento de su detención, estaba participando en una huelga de hambre organizada por la Asamblea para Promover la Sociedad Civil, que tendría lugar en la casa de Martha Beatriz Roque Cabello. Esta huelga obedecía a la petición de liberación de varios compañeros.

Fue acusado de desacato, desorden público y desobediencia civil, y condenado a 36 años de prisión después de varios procesos judiciales. Amnistía Internacional lo reconoció como un prisionero de conciencia.

El 26 de febrero del 2010, el disidente Guillermo Fariñas declaró otra huelga de hambre para protestar por la muerte del disidente Orlando Zapata Tamayo.

El 10 de septiembre – La disidente cubana Marta Beatriz Roque comenzó una huelga de hambre junto con otros 12 miembros de la oposición para exigir a las autoridades que pongan fin a los excesos de los últimos meses.

El 20 octubre 2010 Guillermo Fariñas Hernández fue galardonado con el Premio Sájarov a la Libertad de Conciencia del Parlamento Europeo.

En diciembre del 2010 el gobierno cubano negó a Guillermo Fariñas Hernández el permiso de salida necesario para viajar a Estrasburgo para recibir el premio

Diciembre, fue detenido Néstor Rodríguez Lobaina, activista de los derechos humanos, expreso político, presidente de un grupo jóvenes disidentes en Guantánamo, aceptó el exilio forzado a España en abril de 2011.

2011

Abril 19, 2011 El dictador Fidel Castro, de 84 años, Renuncia: El hermano Raúl Castro es nombrado jefe del partido Comunista de Cuba.

El 5 de mayo el opositor Juan Wilfredo Soto de 46 años fue arrestado en el parque Leoncio Vidal de la ciudad de Santa Clara, y según fuentes de la disidencia, varios policías le propinaron una "brutal paliza" ante los ojos de todo el mundo en el momento de la detención, muere en prisión el 8 de mayo 2011.

En 2011, el gobierno cubano liberó a los restantes 12 presos políticos del "Grupo de 75" obligando a la mayoría ir al exilio a cambio de su libertad.

El 3 de junio, 2011, Guillermo Fariñas Hernández declaró huelga de hambre para protestar por la muerte del disidente Juan Wilfredo Soto de 46 años, arrestado mayo del 2011.

El 18 de agosto del 2011, En el centro de La Habana, 49 "Damas de Blanco" y sus partidarios se les impidió llevar a cabo una protesta en apoyo de sus miembros, también ocurrió lo mismo en Santiago de Cuba y otras provincias.

2012

El disidente Wilman Villar Mendoza falleció en enero del 2012 a los 31 años a causa de la huelga de hambre que realizaba en protesta por su arresto por haber participado en una manifestación.

El fin de semana del 16-17 de Marzo de 2012, alrededor de setenta miembros de las Damas de Blanco fueron detenidas, incluida Berta Soler, actual líder del grupo. Muchos de ellos fueron detenidos en su camino hacia o desde la misa, a la que habitualmente asisten juntos antes de su marcha de protesta el domingo.

Todas setenta fueron puestas en libertad sin cargos el 19 de marzo del 2012.

El 21 de marzo 2012. Amnistía Internacional colocó cuatro disidentes cubanos encarcelados en su lista de "prisioneros de conciencia."

El 22 de julio 2012. Prominente disidente cubano Oswaldo Paya Sardinas murió en un accidente (misterioso) de coche. Paya fue un incansable defensor de mayores derechos civiles y humanos en Cuba, dio décadas de su vida a la lucha no violenta por la libertad.

Un compañero activista, de 31 años de edad, Harold Cepero, también murió en el accidente cerca de la ciudad de Bayamo, en la oriental provincia de Granma.

El 24 de julio de 2012, Guillermo Fariñas Hernández fue uno de docenas de activistas detenidos en La Habana en el funeral del disidente Oswaldo Payá. Amnistía Internacional y los EE. UU. criticaron los arrestos.

El 10 de septiembre de 2012, Marta Beatriz Roque comenzó una huelga de hambre exigiendo la liberación del opositor Vázquez Chaviano, que debía haber salido de la cárcel el 9 de septiembre al cumplir su sentencia.

Roque recibió premios como el 2002 Heinz R. Pagels Human Rights of Scientists Award of the New York Academy of Sciences, y uno como Honorary Member of the Canadian, English, and Finnish PEN.
Inicialmente, 13 miembros de la oposición se unieron a Roque en su protesta, pero el número más tarde aumentó a casi 30.

Octubre 10-12, 2012

Miami actualiza el plan de la muerte de Fidel Castro, Rumores decían que el exlíder cubano Fidel Castro podría estar muerto, el alcalde de Miami Tomás Regalado dijo que la ciudad tenía un plan para mantener las calles de Miami en orden.

Celebraciones estallaron alrededor de los juerguistas de todas las edades, hacían sonar sus claxon (bocinas-fotutos) incesantemente, sonaron las ollas y sartenes y gritaron, "Cuba libre!"

La policía reforzó su presencia y bloqueo varias calles, incluyendo parte de la Calle Ocho en la Pequeña Habana.

Mayo 2, 2013

Bruselas, Bélgica - Damas de Blanco aceptan premio Sájarov. Ocho años después de que fueron reconocidos por su trabajo en derechos humanos en Cuba con el Premio

Sájarov a la Libertad de Conciencia a las Damas de Blanco, fueron finalmente capaces de aceptar su premio antes el Parlamento Europeo el 23 de abril, 2013.

Este retraso de ocho años fue causado por la negativa del régimen cubano para que los miembros del grupo no viajaran a Bruselas en 2005 para recibir el premio.

Julio 10, 2013 Miércoles
Washington Post

Político español afirma que el líder opositor Oswaldo Paya Sardinas y Harold Cepero fueron hallados con vida luego de un accidente causado por agentes del régimen cubano.

Los servicios secretos en Cuba asesinaron a Paya, Harold Cepero y al político sueco Jens Aron Modig, fueron embestido por detrás por un vehículo que tenía el color de placa de "la comunista" cubana.

Agosto 5, 2013 Lunes

En una entrevista con el diario español El Mundo, Angel carromero quien manejaba el carro donde viajaba Paya, Cepero y Jens Aron Modig, declaro que fue obligado a callar la verdad en Cuba y que los dos fueron asesinados.

Diciembre 2013

El presidente Obama y Raúl Castro se reunieron brevemente en el funeral de Nelson Mandela en diciembre del 2013.

Julio 17, 2014

Se rumora Rusia piensa reabrir un puesto de espionaje electrónico en Cuba que cerró hace más de una década, alcanzando hacia fuera para una sola vez símbolo de su estatus de superpotencia mundial; a cambio, Presidente.ruso Vladimir Putin se compromete a perdonar alrededor del 90 por ciento de la deuda de la era soviética de Cuba a Rusia, o unos 32 millones de dólares.

Julio 18, 2014

Putin niega planes de Rusia para reabrir la base de espionaje en Cuba. Según la agencia estatal de noticias rusa ITAR-TASS, el presidente Vladimir Putin ha negado que Rusia planea reabrir su base de inteligencia de señales (SIGINT) en Lourdes, Cuba.

Agosto 13, 2014

Fidel Castro cumple 88 años.

Septiembre 2014

Cuba impone restricciones a las mercancías contenidas en los equipajes de los viajeros. Gobierno toma medidas drásticas contra grandes cantidades de mercancía comprada en el extranjero traídos a la isla.

Septiembre 17, 2014
    Las autoridades estadounidenses dicen que 14,000 cubanos llegaron sin visados en la frontera con México en los últimos 11 meses, el número más alto en una década.

Diciembre 17, 2014
    El presidente Obama ordenó el restablecimiento de las relaciones diplomáticas con Cuba y la apertura de una embajada en La Habana por primera vez en más de medio siglo.
Obama también anuncio su apoyo a la eliminación de Cuba de Lista Terrorista, Cuba está en la lista de terroristas desde el 1 de marzo de 1982. Los Estados Unidos también consideran Sudán, Siria e Irán patrocinadores del terrorismo.

2015 USA
    Presidente Obama reanuda conversaciones con Cuba, pasando por alto el Congreso de los Estrados Unidos, con la idea de levantar sanciones y establecer relaciones con Cuba. Sin exigir nada a cambio, sin tener en cuentas fusilados, torturados y muertos tratando de escapar al régimen.

Abril 8, 2015
    Una media docena de líderes disidentes cubanos y ciudadanos estadounidenses fueron brutalmente golpeados con aparente desprecio por la presencia de las mujeres dentro del grupo, por un grupo pro-Castro, mafiosos agentes del

régimen en la ciudad de Panamá durante una manifestación pacífica en silencio ante el busto de José Martí. Los activistas estaban poniendo flores en la estatua del héroe de la independencia cubana, José Martí, al ser abordados por un grupo de agentes del régimen de Castro, quienes comenzaron a golpearlos violentamente.

La policía panameña observaron cómo se produjo el ataque. Entonces, se detuvo a los líderes disidentes cubanos y ciudadanos estadounidenses. Mientras tanto, a los agentes del régimen de Castro se les permitió alegarse sin ser molestados.

Además, esa tarde, en el Foro de la Cumbre de las Américas (Summit of the Americas), los líderes disidentes cubanos, entre ellos Rosa María Paya y Eliécer Ávila, fueron bloqueados de entrar en el salón de convenciones por una delegación del régimen de Castro.

Mayo 28, 2015

Después de 33 años en la lista de países terroristas, el presidente Obama remueve de la lista de U.S. a Cuba. Alegando que hace seis meses que no tiene vínculos con agresiones terroristas.

Fidel Castro ha estado involucrado en estos 56 años de su revolución en muchos escenarios, Chile con Allende, Bolivia, Colombia, África, El Salvador, Nicaragua, Venezuela, Granada, entre otros y uno de los más criminales e injustificables fue, el hundimiento del barco 13 de marzo, lleno de 72 personas y niños, la mañana del 13 de julio de 1994 y el derribo de las avionetas de los Hermanos al Rescate en 1996 en aguas internacionales.

Es casi imposible nombrar todas las barbaridades y acontecimientos en que ha estado implicada Cuba.

Fidel Castro traicionó lo que gritó a todo pecho por todas partes "que la Revolución era tan cubana como las palmas de Cuba."

Fidel Castro significa para Cuba tiranía, terror, esclavitud, mentira, opresión, envidia, hambre, rencor y miseria.

Capítulo 13

Notas de Cuba

Cuba, la más grande isla del Caribe es la más notoria y controversial de las vecinas de los Estados Unidos continentales, solamente a 90 millas de Cayo Hueso.

En América en su parte central está la isla de Cuba. Fue descubierta por el marino Cristóbal Colón.

En la mañana de un domingo, el 28 de Octubre de 1492, cuando desembarco, Colón anotó en sus libros, "La tierra más hermosa que ojos humanos hayan visto" Los indios llamaban a esta isla Cubanacan.

Cuba es el país más español en América y el más americano de los países españoles del nuevo mundo. Los españoles llevaron a Cuba medio millón de esclavos africanos.

La Habana fue declarada la capital en 1607 después de no haber sido la capital oficial desde 1553.

En 1762 Inglaterra captura la Habana y la deja antes de los dos años.

En 1795 una revuelta de esclavos en Cuba horroriza dueños de esclavos americanos porque los blancos y esclavos se unieron y exigieron la igualdad entre todos.

En 1868 La Guerra de los Diez Años, Primera Guerra de la Independencia, comienza el 10 de octubre cuando el dueño de la plantación Carlos Manuel de Céspedes, acompañado por otros 37 jardineros, proclama la independencia de Cuba con el Grito de Yara emitido desde su plantación. Céspedes libera a sus esclavos. Dos hermanos negros libres, Antonio y José Maceo, se unen a las filas rebeldes.

El 10 de abril de 1869, la primera asamblea constituyente prepara la primera Constitución de la República de Cuba y elige a Carlos Manuel de Céspedes como el primer presidente. El presidente estadounidense Grant y su gabinete, encabezado por el secretario de Estado Hamilton Fish, se oponen al reconocimiento del nuevo gobierno cubano bajo Céspedes.

En 1872 el presidente Ulysses S. Grant niega la proposición que da la libertad a Cuba y libertad a los esclavos.

En 1878 las fuerzas cubanas se rinden y la Guerra de los Diez Años termina oficialmente.

En 1879-1880: "Little War" ("La Guerra Chiquita") Los cubanos continuaron la rebelión en partes de Cuba.

En 1886 la esclavitud se convierte oficialmente ilegal en Cuba.

Mas adelante los españoles y los norteamericanos firman el tratado de París donde se le concede la libertad de Cuba.

1892: Martí forma el Partido Revolucionario Cubano en los EE.UU.

1895 En su primer día en la batalla, el patriota cubano José Martí muere en la batalla.

En 1898 los Estados Unidos entran en la guerra Hispana Americana después que el Maine es explotado en el puerto de la Habana. Muchos cubanos vivos en esa época juran que fueron los mismos americanos para tener la excusa para invadir Cuba.

Cuba fue liberada de los españoles en 1898.

En 1899 los Estados Unidos instalan un gobierno provisional en Cuba.

En 1901 el Congreso Norteamericano pasa la Enmienda Platt, además le da el derecho a Estados Unidos a instalar una base en Cuba.

1902: Los Estados Unidos termina el gobierno militar. La República de Cuba se declara, se escoge a Tomás Estrada Palma como primer presidente de Cuba.

1903: La base de Guantánamo se abrió y se paga a Cuba $ 2,000 al año en moneda de oro.

En 1909 la segunda ocupación de los militares norteamericanos en Cuba termina.

En 1916: el general Mario García Menocal (conservadores

republicanos) ganó las elecciones presidenciales por el relleno de las listas electorales y por la violencia.

1933: General de Machado Morales, presidente desde 1925, Terminó su gobierno notoriamente brutal huyendo a los EE.UU. con su fortuna.

En 1934 se termina la Enmienda Platt pero los Estados Unidos continua alquilando la base de Guantánamo.

En 1940 la Constitución es establecida, derechos sociales, salario mínimo, etc.

1943: el general Batista legalizó el Partido Comunista de Cuba y establece relaciones diplomáticas con la Unión Soviética.

En 1945 Cuba entra en las Naciones Unidas.

1959: Batista huye a la República Dominicana, más tarde a Miami luego a España con su fortuna.

En 1959 Fuerzas revolucionarias entran en la Habana.

Cuba tiene un área estimada de 42,827 millas cuadradas y se extiende 745 del este a oeste.

La temperatura mínima es de 71°F (25.5°C), el average máximo es de 81°F (30.0°C)

Cuba tiene un estimado de unos 11 millones de habitantes, con más de un millón viviendo exiliado.

El deporte de Cuba siempre ha sido el Béisbol y el Boxeo. La música cubana es una mezcla con mucha influencia de ritmos africanos.

La arquitectura colonial de La Habana, Trinidad, Camagüey, Santiago de Cuba, está reconocida como una de las mejores del mundo.

El azúcar, tabaco y ron eran los principales artículos de exportación y eran reconocidos como uno de los mejores del mundo. Describen a Cuba como La Perla de las Antillas.

Capitulo 14

Datos y estadísticas de la Cuba Republicana

Datos y estadísticas de la Cuba Republicana hasta 1958. Estos datos son de las Naciones Unidas, y otros organismos internacionales.

En 1958 Cuba tenía 58 periódicos diarios (varios de mayor circulación nacional), y 126 revistas semanales (diferentes formato), 3 no especializadas de mayor circulación a nivel nacional, segundo lugar de América.
 La revista Bohemia fundada en 1908, a saber la más antigua de América.

La primera transmisión comercial se realizó el 24 de octubre de 1950, por el canal 4 de Gaspar Pumarejo. Meses después salió al aire el canal 6. Cuba fue el segundo país del mundo en implementar el sistema de repetidoras (1952), para llevar la señal al interior de la isla.

Televisión en colores. En el año 1958, Cuba comenzó a trasmitir en colores por el canal 12, siendo el segundo país del mundo en emitir dicha señal.

Cuba también inició lo que se llama actualmente transmisión por satélite. El 29 de septiembre de 1954, técnicos cubanos instalaron en un avión C-46 un receptor de televisión y un transmisor, con el propósito de que el juego de la Serie Mundial de pelota se viera en directo. El avión volando sobre el Estrecho de la Florida, recogía la señal del Canal 4 de Miami, y la retransmita a Cuba, siendo a partir de ahí, que el cubano viera la pelota en directo.

En 1958 Cuba contaba con 600 salas de cine (Referencia: En La Habana unas 40, y el resto repartidas por la república).

En 1958 automóviles circulando unos 270,000. Tercer lugar de América.

En 1958 ómnibus (guaguas) circulando 5,500. Varias líneas de primera clase (como Santiago-Habana), que prestaban servicios nacionales, e ínter Provinciales.

En 1958 camiones y rastras de todo tipo 53,500

En 1958 Cuba tenía un kilómetro de línea férrea por cada 8 kilómetros cuadrados. Primer lugar de América.

Cuba tuvo ferrocarriles desde el año 1837, siendo primero que España, y séptimo en el mundo. ya a principio de 1959, circulaban modernos trenes adquiridos en Italia (sin locomotora, cada coche tenía su motor).

En 1958 los pueblos de más de 5,000 habitantes estaban unidos por carreteras de primer orden en un 99 %. Los poblados por los que no pasaban cerca las carreteras, se unían por medio de carreteras de segundo orden, o caminos vecinales.

En 1956 había unos 7,100 Km de carreteras, y para finales de 1958, o sea, en 50 años de república eran 7,500 Km.

En 1958 un refrigerador por cada 18 habitantes.

En 1958 un teléfono por cada 28 habitantes.

En 1958 según los archivos de la Compañía Cubana de Electricidad, había 732,000 suscriptores, los cuales consumían once millón ochocientos mil MWh al año per cápita. Cuba en Latinoamérica era el primer país en consumo de electricidad de acuerdo a la población, y el 25 a nivel mundial.

En 1958 el cubano era el tercer consumidor de carne en América (res, cerdo, avícola).

En 1958 cosecheros cubanos ya estaba en vías de suplir el mercado nacional. En el año 1957 habían producido 182,000 toneladas métricas de arroz, y de frijoles 56,000 toneladas métricas.

En 1958 pastaban en Cuba más de 6 millones de reses, casi una por habitante. El ganado bovino era de primera calidad.

En 1958 Cuba tenía unas 2,800 calorías promedio. Cuarto lugar de América. Argentina 3,300; USA 3,100; Canadá 3,050.

En 1958 entre las factorías nacionales de calzados (de excelente calidad, y con una gran producción), y los importados de marcas conocidas, eran más de 14 millones de pares de zapatos al año.

En 1958 Cuba 1 dentista por cada 2,900 habitantes.

En 1958 médicos 1 por cada 980 habitantes. En proporción al número de habitantes, Cuba tenía más médicos, y dentistas que USA.

En 1958 el estado sanitario de Cuba era excelente. Cuba fue el primer país en erradicar la fiebre amarilla, gracias al eminente cubano Dr. Carlos J. Finlay (1833-1915), descubridor del mosquito que trasmitía la enfermedad.

En 1958 había en Cuba 8 universidades estatales, 3 universidades privadas, escuelas profesionales de comercio en las principales ciudades, escuelas normales para ejercer el magisterio, y centros de estudios técnicos

También existían en las ciudades escuelas privadas de primer grado hasta la segunda enseñanza, y algunas enseñaban bachillerato, o comercio, y estaban incorporadas a las estatales.

En 1958 con una población de unos 6,200,000 de habitantes, había en Cuba entre industrias (fabricas) pequeñas, medianas, y mayores, unas 3,600; por citar algunas: 161 factorías de azúcar (centrales azucareros). Siete plantas de enlatar leche (condensada, evaporada), que producían 1 millón ochocientas mil cajas al año.

Las lecherías producían más de 700 millones de litros al año, aparte de los campesinos que tenían unas cuantas vacas lecheras, y la vendían en los pueblos. 10 plantas de enlatar pescado, que suplía el mercado, y también se exportaba.

En total eran 160 plantas enlatadoras (frutas, tomates, salchichas, etc.) 90 fabricas de textiles (las más grandes eran la Rayonera de Matanzas, y la Textilera de Ariguanabo).

La industria Textil cubría ampliamente el consumo nacional (medias de nylon y algodón, pantalones, camisas, etc. En 1958 Cuba exportaba entre otros, cuerdas de rayón para gomas de automóviles. Contaba con 26 factorías de quesos industriales. 5 fábricas de cervezas, donde se embotellaba también maltas (la malta es un producto alimenticio). 1 planta de fabricar cables eléctricos de cobre (cubría la demanda nacional). 11 plantas curtidoras de pieles (para zapatos, cintos, etc.) 3 fabricas de cemento (Mariel, P. del Río, y Santiago de Cuba), que cubrían el 95 % de la demanda nacional.

La industria del tabaco, que al igual que el azúcar, eran las dos principales exportadoras, la minera, y un sinnúmero de otras medianas y pequeñas industrias, que hacían de Cuba un país en amplia vía de industrialización.

En 1958 el salario del trabajador cubano, de acuerdo a la OIT (Organización Internacional del Trabajo), promediaba los $3.00 pesos diarios por 40 horas de trabajo, siendo el séptimo en el mundo. Los trabajadores en la mayoría de las empresas tenían vacaciones pagadas, y las mujeres la ley de Maternidad Obrera.

Para despedir un obrero, el empleador tenía que hacer un expediente de trabajo, y probar la razón del despido. Los obreros en casi su totalidad estaban sindicalizados, y tenían el Derecho a Huelga para pedir mejoras.

Los empleados del gobierno de todas las ramas, por la Ley llamada "Arturito" (Arturo Hernández Tellechea, legislador que presentó dicha ley), a fin de año le deban un aguinaldo pascual de un mes pagado. Esta ley "Arturito" se amplió a la mayor parte del sector privado.

Los trabajadores de la industria del azúcar, entre otros beneficios recibían un dinero extra por la ley del Diferencial Azucarero, al finalizar la molienda.

Según el último censo agrícola de Cuba republicana (1948, doce años antes de que los comunistas tomaran el poder), había159, 900 fincas que variaba en tamaño desde menos de 4 caballerías, hasta los latifundios. De este total de fincas, 2,336 eran latifundios, y el resto (156,664) de propietarios que la trabajaban directamente, la arrendaban, o eran precaristas, entre otros estatus. Estás de 4 caballerías o menos, eran unas 135,000 fincas (pequeños propietarios).

En 1958 el arar la tierra se estaba mecanizando, pues ya había 15,500 tractores.

En 1958, y en los finales años de Cuba republicana, con 161 centrales azucareros moliendo, unos 45 mil cortadores de caña, y en tres meses, se producía un promedio de 5 millones ochocientas mil toneladas de azúcar. La producción de azúcar estaba regulada, pues si permitían moler toda la caña que se sembrara, fácilmente se hacían más de 7 millones de toneladas.

La caña a los centrales la suplían unos 60,000 colonos, que eran el 94 %, y el resto 6 % caña de los centrales, que se llamaba caña de administración. De estos 60,000 colonos, que producían menos de 50 mil arrobas de caña, eran el 74 % total de los colonos, o sea, pequeños agricultores.

El resto de los colonos que molían más de 50 mil arrobas (el 12 %), y que también eran pequeños agricultores, lo que molían más de 100 mil, doscientas mil, etc., hacían el total de los 60 mil colonos.

Nota al margen: De los centrales azucareros (factorías), a principio de la década de 1930 (28 años desde que Cuba era república), propiedad de cubanos solo eran 56, pero para la década de 1950 ya los cubanos eran dueños de 113 centrales, estando los otros en manos de americanos (41), españoles (12), y uno francés.

En el año 1958, un tren auspiciado por el dictador Batista recorría los principales pueblos, enseñando productos elaborados en un 100 % con el bagazo de caña: Pupitres, mesas, combustible, etc. El plan en desarrollo era hacer fabricas anexas a los principales centrales, para elaborar los productos que se obtiene de la caña de azúcar.

Con el comunismo hoy todo el mundo conoce el desastre que ha ocurrido.

Plan de operación-Coordinación

Nombre-Fue cambiado varias veces (por seguridad prefiero callarlo)

1 -Referencias- mapas, información
2-Organización-nombres-contactos-direcciones.
3- Método de desembarco-navegación- región de desembarco-infiltración en la Habana- realizar contactos con los grupos de resistencia. Trasporte, armas.
4- Zona de operación- seguridad de castro -obtener información personalmente en la zona de operación y atentado.
5-Misión-atentado contra Fidel Castro.
6-Fuga y escape- ruta escogida de antemano-rutas alternas- situaciones de emergencia.
7 –Salida de Cuba-condiciones de la marea–se espera que el tiempo sea bueno y adecuado para estos días. Contratiempos- Plan de Emergencia.
8-Reporte-informes

Sobre el Autor

Salió de Cuba a principios del año 1962, siendo un niño todavía en compañía de su hermana Babie, por el plan Peter Pan, sabiéndose que miles de niños corrían el peligro de no volver a ver jamás a sus  padres, atrás quedaron sus padres, de los que nunca se habían separado, con los cuales se reunieron meses después.

Los primeros años de exilio a principio del año 1962 fueron muy duros. Poco a poco aprendió el idioma y asistió a Kinloch Park Jr. High y Miami Senior High.

Tomó sus primeras clases de aviación en los años 70 en el aeropuerto Tamiami en el sur de Miami FL, donde después en los 80's guardó su propio avión en Tac-Air International.

En sus años viviendo en los Estados Unidos hizo contactos con diferentes personas. Lo cual lo llevó a diferentes partes del mundo.

Ha escrito varias canciones, grabo dos de sus composiciones en un disco profesional en los años 80, es el autor del libro Marchante & Son Home Inspection y Sergio Oliva The Myth.

Retirado profesor de Arquitectura. Escogido entre 30 maestros en EE. UU.para participar en People to People Ambassador Program de consejero y Educación Técnica a la República de China en febrero 2001. Nunca ha olvidado ni dejado de querer al país donde nació, Cuba.

Recuerdos del Autor

Tomando sus primeras clases de Aviación en un Piper Cherokee 140 en el aeropuerto de Tamiami, Miami, FL en los principios de los años 1970.

Con el excomandante de la revolución cubana Hubert Matos.

Con el excomandante de la revolución cubana Nino Díaz.

En New Orleans aprendiendo a pilotear un Panther 2+

El autor con su avión un Panther 2+ en Tac air en el aeropuerto Tamiami en el sur de la Florida.

"No hay gloria de hombre sin sonrisa de mujer."

José Martí

Gras Publishing Presenta

Protector

It's tough starting high school. Everybody deals with classes, friends, and crushes but fifteen year old Sakura has  more on her plate: She has to deal with a hereditary transformation which only takes place when the Earth is in great danger. Looking to her ancestors for guidance and training, keeping it secret from loved ones, as she prepares to go fight the threat: Master and his Minions in hopes of saving her planet. Including her heart's dilemma: Austin or Roy? Who will she choose? The clock is ticking… Will she be able to find the strength and courage to save the world from total destruction? Will she ever make up her mind between Austin and Roy! An intriguing tale of adventure, danger, romance, and a little thing called high school! For every book sold a donation will be made to a wildlife foundation.

Gras Publishing Presenta

Sergio Oliva The Myth

Sergio Oliva, The Myth, the only man to have ever won the Mr. Olympia title uncontested. Now at last Oliva tells all. His early childhood, his daring escape from a communist country to gain his freedom, and how he developed his once in a lifetime, out of this world, Herculean and powerful body with perfect symmetry and mind blowing proportions that made him the most muscular and incredible body of all time. Learn the facts behind the world's most prestigious and famous contests. Get a front row seat as Sergio describes his confrontations with Arnold Schwarzenegger. Nothing is held back as Sergio speaks his mind.

Sergio discusses Bodybuilding Politics, Drugs and more. Find thrilling action and suspense, unlike any other bodybuilder's book. and • Maximum Muscle Development • A Seminar with Sergio-Over 100 Q & A's • Sergio Oliva's Training Secret Routines • Steroids-GH, Interaction of Growth Hormone • Get in Shape Routines for Women • The Myth's Health Recipes.

NOTAS